『奇石收藏与投资丛书』

彩陶石雨花石

收藏与投资

沈泓 著

中国书店

图书在版编目（CIP）数据

彩陶石 雨花石收藏与投资 / 沈泓著. — 北京: 中国书店, 2012.1

（奇石收藏与投资丛书）

ISBN 978-7-5149-0210-5

Ⅰ.①彩… Ⅱ.①沈… Ⅲ.①石 – 收藏 – 基本知识② 石 – 投资 – 基本知识 Ⅳ.①G894②F724.787

中国版本图书馆CIP数据核字(2011)第214843号

彩陶石 雨花石收藏与投资

沈泓/著

责任编辑：杭玫

出版发行：中国书店

地　　址：北京市西城区琉璃厂东街115号

邮　　编：100050

印　　刷：北京市十月印刷有限公司

开　　本：787毫米×1092毫米　1/16

印　　张：12

字　　数：220千

版　　次：2012年1月第1版　2012年1月第1次印刷

书　　号：ISBN 978-7-5149-0210-5

定　　价：78.00元

序　言

　　盛世收藏，但每个人的收藏品种不尽相同，收藏方式各异。在很多人的理念中，收藏就是花钱去买藏品，其实，有一种藏品是不需要花钱去买的，腰缠万贯的富豪和一文不名的穷小子，都可以参与，都可以成为收藏家，这就是奇石收藏。

　　奇石收藏是当今唯一不需要花钱的收藏，大老板和工薪阶层，富豪和穷人，文人雅士和泥腿杆子的农民，石头面前人人平等，只需要有一双发现美的眼睛，到大自然中去寻找，捡回家就是藏品。于是乎，长江之滨，黄河两岸，大漠戈壁，深山旷野，到处流动着寻找奇石的人群。奇石收藏在当代收藏热中，以人人都能参与的低门槛，广泛的群众性等特点，在神州大地汇成了一股滚滚潮流。

　　奇石受到人们的喜爱并珍藏，是因为它承载着数千年的历史文化的积淀，是文化提升了奇石的收藏价值。女娲石补天的美丽神话，米芾拜石，东坡写竹得石，白香山视石如宾，都说明了奇石具有神奇的魅力。

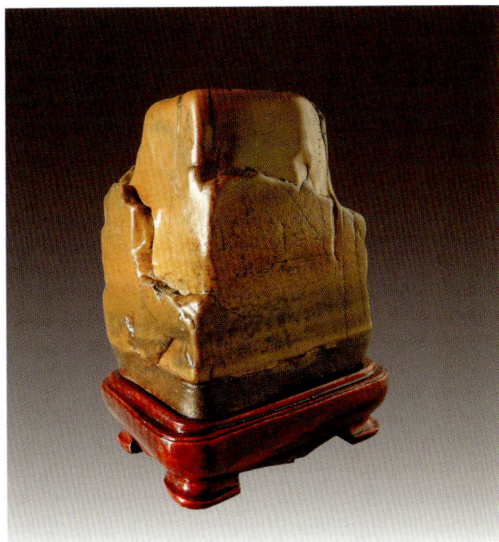

▲楼兰遗址
彩陶石　关明辉藏

▲秦汉古陶
南京雨花石　沈文惠藏

▲大将军

彩陶石　20厘米×20厘米×15厘米　关明辉藏

　　古有四大名石，今又推陈出新。本丛书选取的几类奇石，并非全是古人概念中的名石，也不一定是当代最著名的奇石，不过它们是最热门的奇石。当然，在某些地区有些收藏群体中，或许最热门的奇石并非这几类奇石，而是以本地产石为珍贵。所以，在奇石收藏多元化的今天，无论是四大奇石，还是十大奇石，都已难以定论。

　　收藏无止境，奇石还在不断被发现，据笔者观察，当今奇石收藏品种至少有1000种，萝卜白菜，各有所爱，在每个人的心目中都有自己的四大名石或十大名石，或一大名石。笔者这里只是要说明，本丛书几类奇石并非评选标准，只是根据热门程度和笔者熟悉程度，首选了这几大奇石——灵璧石、彩陶石、雨花石、黄蜡石等。

沈　泓

2011年6月29日

目录

第一章

彩陶石的概念和发现

　　狭义的彩陶石产地，位于广西红水河中游来宾河段和柳州合山市河段，主要产自合山市马鞍村(亦称马安村)，最早称合山石、马鞍石、马安彩陶石、来宾石等。

　　马安彩陶石深藏于红水河河床底部，是1988年发现的新石种（一说是1992年初冬于十五滩发现的）彩陶石一经发现，就以质地优异、温润古雅、奇色绚丽，而成为收藏界的新石种，彩陶石一进入市场，就出人意料地一炮走红，这在中国观赏石和众多新发现和开发资源中极其少见，因其特色独树一帜，堪称新发现的奇石中的佼佼者。

一、彩陶石的概念

　　位于祖国西南边陲的广西柳州市以

▲飞瀑三千尺

马安彩陶石　9厘米×12厘米×8厘米　全建淮藏

▲飞瀑三千尺（另一角度）
马安彩陶石　9厘米×12厘米×8厘米　全建淮藏

▲此物方解渴
马安彩陶石　10厘米×9厘米×6厘米　全建淮藏

急的流水带着砂石长年冲刷而成。这类石头颜色单一，以豆绿、灰色、墨色常见，又以豆绿色为上乘，石头表面呈现出天然釉面颜色，很像彩陶，一般这种石头也被称为彩陶石。

彩陶石有狭义和广义之分，狭义彩陶石指最早发现于广西合江马安村的马安石，又称为马安石，产于柳州合山市马安村红水河十五滩，有彩釉和彩陶之分，石肌似瓷器釉面称彩釉石，无釉似陶面者称彩陶石。有纯色石与鸳鸯石之分，鸳鸯石是指双色石，三色以上者又称多色鸳鸯石，鸳鸯石以下部墨黑上部翠绿为贵。色彩可分为翠绿、墨黑、橙红、棕黄、灰绿、棕褐等色，俗称"唐三彩"。

狭义的彩陶石出产地域非常狭小。红水河合山段总长30千米，此石的产地狭窄，红水河在此地暗礁侧畔冲出一条很深的河道，旁边形成一条长约300多米的回水湾，水湾中的石头千百万年来

石城著称，红水河在这里流淌了千百万年，各种地貌的河段孕育出了丰富多彩的水冲石品种。比如：色彩艳丽气势宏大的大化石；颜色古朴、造型各异、纹路细致的纹石等等。它们都属岩滩石，主要以硅质凝灰岩为主。其中深藏于红水河河床底部，流经合山市马鞍村的马鞍石是水冲石中的珍贵石种，它的形成是千百万年在水湾中的石头被红水河湍

▲顽猴
马安彩陶石　8厘米×11厘米×6厘米　全建淮藏

▲翠嵒
鸳鸯彩陶石　28厘米×22厘米×20厘米　关明辉藏

被红水河湍急的流水带着砂石冲刷磨砺而形成，所产的彩陶石分为卷纹石、绿石、黄釉石等。

后来，随着发现类似马安石特点的奇石逐渐增多，彩陶石的范围也慢慢扩大，便产生的广义彩陶石的概念。广义彩陶石也具备狭义彩陶石所具有的水冲石、色彩鲜艳、纹饰等特征。

本书中笔者将一些色质类似马安石的同一类奇石统称为彩陶石（即广义彩陶石），因为他们的石质、色彩、花纹都相似。所以，本书中关于彩陶石的概念及叙述取其广义的概念，但以马安石为主，同时，也将论述整个广西的水冲石，并兼顾全国各地的具有彩陶品质的水冲奇石。

二、彩陶石的形成

有一首民歌唱道："红水河有三十三道湾，三十三道湾有三十三个滩"。红水河之所以名石荟萃，与其山

▲大佛
马安彩陶石　52厘米×52厘米×15厘米　高东升藏

高、水急、湾多等特有的地质条件和地理环境有关。

合山彩陶奇石的形成，源于亿万年地壳的不断运动，合山地域岩层形成了多种结构，并受多种矿物质元素影响，产生了多元化石岩体，有绿色、黄色、

铜黄色、黑色、白色、黑青双色、黑黄双色等等,这些岩石随着地壳的运动,成块状流于河床中,在河流中经汹涌的河水和流动的泥沙的反复冲刷,形成了合山奇石特有的质优、形美、色佳、纹奇、韵雅的特点。

彩陶石形成于距今3.5亿~2亿年前,属二、三叠纪海相地层,产于柳州合山市马安村红水河十五滩的彩陶石属沉积岩,彩陶石矿物成分主要由沉积岩、变质岩、碳凝灰岩、硅化凝灰岩和绿色、棕色硅化凝灰质沙岩,以及相应地质年代的古生物、植物化石等组成,以硅质粉砂岩或硅质凝灰岩为主。

红水河合山河段(电厂至马安大桥的十五滩)两岸为"大隆组"的沉凝灰岩、凝灰质细砂岩、硅质岩,故以主产彩釉石、绿釉石、鸳鸯石、素陶石为特色。

彩陶石原岩为层状(碳、硅)沉积岩,具稳定平行层理者常形成规则形、软硬相间者则形成凹凸相间形态,非稳定型的似层状、波状、透镜状层理,常形成变化多端的交错形层理;复杂型、卷曲型层理则形成马鞍状、"V"字形、"U"字形卵石;方块、多边形系列原岩(硅质岩、沉凝灰岩等),这些构成了如今我们收藏的彩陶石。

彩陶石构造作用产生两种共轭节理,使岩层割裂成不同几何形态多边块体,风化崩落后,经5千米~10千米短距离江水冲移搬运而成,素陶石、彩釉石、水墨石即属这种类型。

彩陶石大部分岩石硬度均为6度以

▲汉画像石
马安彩陶石　18厘米×15厘米×5厘米　高东升藏

▲绿袍主教
马安彩陶石　40厘米×78厘米×25厘米　高东升藏

上，在漫长岁月中通过碳离子、粒子与其他岩质、元素的物理化学作用，在个体岩质上形成诸多色彩斑斓的奇色、奇纹、奇景、奇观。彩釉石多见平台、层台形，呈象形、景观等状，不求形异，首重色泽，以翠绿色为贵，现已近乎绝迹。

此石的产地狭窄，红水河在此地暗礁侧畔冲出一条很深的河道，旁边形成一条长约三百多米的回水湾，水湾中的石头千百万年来被红水河湍急的流水带着砂石冲刷磨砺而形成。

彩陶石与人类有不解之缘，它不是由史学家凭考证撰写的文字历史，而是大自然给人类的慷慨馈赠，而人类又用智慧的眼睛发现，并挖掘收藏，成为用双手创作的艺术品，也成为大自然留给后人的奇珍异宝和重要文物。

三、彩陶石与彩陶

彩陶石的得名是由于"皮、色、纹"都酷似新石器时代的彩陶文化，故而得名。这里有必要对新石器时代的彩陶文化作一简略介绍，以增强读者对彩陶石得名的感性认识。

1.从手感上看

我们说中国彩陶文化，主要是指仰韶彩陶。仰韶彩陶多是细泥红陶，手感非常滑润、细腻，彩陶的正面较为光滑，反面的光滑程度稍差些，手上如果有汗会明显地感觉到被它吸收，而其他陶器就没有这种感觉。

另外，多数彩陶通体光滑，但也有些彩陶的表面有一些非常坚硬如"铁锈"般的小斑点，集中处手下的感觉密密麻麻，但同时也能在没有"铁锈斑"的地方感到十分光滑。

彩陶石之所以得名，与仰韶彩陶有诸多相似之处。

2.彩绘色彩的相似

从彩绘上看仰韶彩陶较为简单，以红色为主，有的彩陶通体红色，但多数器里颜色较器外深一些，看起来和黄土的颜色相近似，但也有少数恰恰相反。还有一些仰韶彩陶的颜色通体浅黄。

仰韶彩陶的纹饰色彩是仰韶彩陶鉴

▲鹰头山
马安彩陶石　18厘米×15厘米×5厘米　高东升藏

▲彩陶瓶

▲彩陶钵

▲彩陶瓶

定中的重点，在仰韶彩陶中，以黑彩为主，少数为红彩。黑彩涂抹中，很少有没有涂到的地方，而且色彩耐磨性非常强，无论洗多少遍都不会退色。黑彩并非纯黑，而是有些地方的黑彩较淡，可以透过淡淡的黑彩看到红陶的颜色。

3.纹饰上有相似之处

仰韶彩陶上的纹饰全是几何纹。在这一类器物当中，写实纹饰器物的年代要相对早于抽象纹饰的器物。所以，仰韶彩陶上的纹饰图案，越是抽象时代越晚；而靠近写实的作品，在年代上要早。

仰韶彩陶上的抽象图案是鉴定仰韶彩陶真与伪的最重要依据，它以曲线勾画为主，流畅的线条，富有动感的画面，虽然构图规整，但笔道潦草，这样的作品是不容易仿制的。

彩陶石上也有纹线，但在藏石界不叫纹饰，而叫纹理，其中抽象的多，具象的少，而以具象价值更高。

4.从器形上看

仰韶文化的彩陶形状称为器形，而彩陶石的形状称为造型。

仰韶文化彩陶并不是很复杂，以彩陶碗、彩陶钵、彩陶瓶、彩陶罐、折腹罐、彩陶盆等器形为主。其中彩陶钵的数量最多，器形变化也最为复杂，有平底和圜底两种，其中平底的彩陶钵大多鼓腹或腹微鼓斜收至底；圜底的彩陶钵一般没有斜收至底的现象。

仰韶文化彩陶钵的器形繁多，但器形与器形之间在大方向上是一致的，只是在细节上有差别，并且这种细小的差别没有一个定式，所以鉴定仰韶文化彩陶钵，关键是要掌握它的基本器形，而不是钻到细节里去。

仰韶文化彩陶器，虽然每个器形都不同，但是，我们还是能够分辨出哪些是钵哪些是瓶，这就是因为它们在大的特征上是相同的。另外，仰韶文化陶器当中的器形与它的功能有着极大的关系，最简单的例子是在仰韶文化彩陶中的这些陶器由于施有彩绘，所以，不可能是蒸煮器，所以，在仰韶文化彩陶中很少有支足的存在。

如果彩陶石有与生活中某物相似的形状造型，那么，这件彩陶石的价值会

▲ 彩陶罐

▲ 彩陶罐

更高，而如果彩陶石的形状造型接近和类似仰韶文化彩陶器形，那么，这件彩陶石的市场价值会更高。

与仰韶文化彩陶并驾齐驱还有马家窑文化彩陶、半山文化彩陶，它们都是彩陶石名称的来源，与彩陶石在审美特性上有某些类似之处。

四、彩陶石的发现

数百年来，广西合山市马安村的村民们在红水河边辛勤劳作，对河水带来的形态各异的石头熟视无睹。后来，这些沉睡在河床底下两亿多年的石头被一位幸运的奇石收藏家发现，马安村从此"石"来运转。

最初的彩陶石是由一些青壮年去河里捡，一块彩陶石大概能卖10元。1992年，一块彩陶石卖了150元，这件事很快轰动了合山市，150元相当于一个人的一年收入，这让当地人感觉到石头能赚钱，从此很多人加入到奇石开采、交易、收藏的行列。

1995年，合山市委书记覃九宏组织了500余件合山彩陶奇石珍品，带队进京，举办了"合山奇石展"，一时间

京华轰动，观者如潮。当时的国务院副总理谷牧也去观看了展览，并予以高度评价。

合山奇石展在国内引起轰动后不久，台湾省客商组团来合山采购彩陶石。

1996年，台湾赏石界组成台湾彩陶石故乡参观团，专程到合山实地参观访问。在实地参观时，收藏家们对合山奇石缤纷的色彩、典雅的气质、优美的造型啧啧称奇、赞不绝口。此后，合山奇石成了国内外赏石界一个聚焦点，广大爱石人纷纷到合山采石，合山奇石市场也因此而如火如荼，形成了马鞍、里兰、溯河等石源地市场。

当时经过疯狂的打捞后，到1996年底，彩陶石濒临绝迹。

到了1997年，另一石种出现了，那就是产于广西大化县的大化石。它比彩陶石色彩艳丽，而且分布在几十千米长的河流中，产量大，因而迅速在奇石市场上火爆起来。而这一时期，来宾市的来宾石与柳州三江县的三江石也陆续出现，以柳州为中心的奇石交易市场初具规模。

与此同时，合山奇石以其自身独特的优势和气韵走出合山，走向全国，走

▲亿年一叹

马安彩陶石　99厘米×69厘米×39厘米　高东升藏

▲擎天一柱

马安彩陶石　131厘米×31厘米×21厘米　高东升藏

▲狮子滚绣球

马安彩陶石　141厘米×66厘米×70厘米　高东升藏

▲奇窍藏宝

马安彩陶石　113厘米×90厘米×33厘米　高东升藏

▲千里之行
马安彩陶石　45厘米×22厘米×11厘米　高东升藏

向世界，被广大奇石爱好者视为珍品级收藏对象。2006年1月，合山市成功举办了"首届广西合山奇石节"，全国各地参加者超万人。

彩陶石自发现后，名声越来越大，马安村民纷纷投入到石头打捞和交易中。沉睡了亿万年的石头大放异彩的同时，使当地一些农民富有起来。

2006年，合山市投资500多万元，建成了目前全国面积最大、最漂亮的县级政府藏石馆，馆内目前除了摆放有藏家提供的彩陶石精品外，政府还向民间购买部分精品进行收藏。该市还规划投资3.5个亿元人民币打造西南最大的奇石城。

2007年5月11日至12日，中央电视台国际频道连续播出了合山马鞍奇石专题节目"疯狂的石头""红水河掏石记"，合山奇石再次引起轰动。

2008年7月29日，经中国观赏石协会组织的有关专家严格评审，合山市以90.7分的佳绩，成功获得了中国观赏石协会授予的"中国观赏石之乡"殊荣。

彩陶石以色、质、形、韵俱全而名扬海内外奇石收藏界。在琳琅满目的奇石中，彩陶石、绿玉石、鸳鸯石、葫芦石、卷纹石等石种都是合山所独有，近年来，彩陶石在市面上已经很稀见，因资源也呈枯竭之势，精品彩陶石大都藏于资深玩家的手里。

第二章

彩陶石的种类

　　广义彩陶石是笔者收藏和研究彩陶石的过程中提出的一个新概念。通常，人们说到彩陶石都是特指广西合山彩陶石，笔者的观点是，彩陶石从名称来说，不是特指。所谓特指的奇石名称，只有地名才用于特指；同时，现实中，很多奇石产地的奇石，也具有彩陶石的特性，甚至很多地方将当地出产的石头直接称为彩陶石。因此，笔者的观点是：彩陶石有特指和泛指之分，有狭义和广义之别。特指和狭义的彩陶石即广西合山彩陶石，泛指和广义的彩陶石即全国各地的彩陶石。

一、为何提出广义彩陶石概念

　　广西的奇石收藏家全建淮建议我不一定要写彩陶石一书，而应写一本水冲

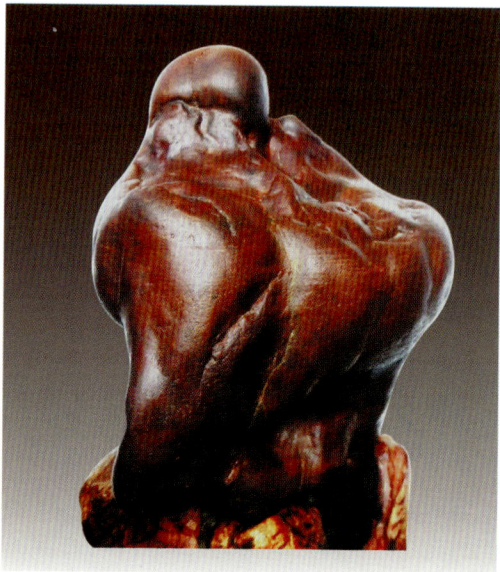

▲与天同寿

广西水冲石　　23厘米×26厘米×16厘米　　全建淮藏

　　此石质色若紫砂，皮壳包浆老而润泽，其整石的天然人物造型堪比石湾陶瓷的人物公仔，人物各部分比例协调而夸张有度，连脸部都五官毕现，显得精神焕发、神采奕奕、仙气十足。水冲石以出图案居多，此石能出如此人物造型，实在罕见。

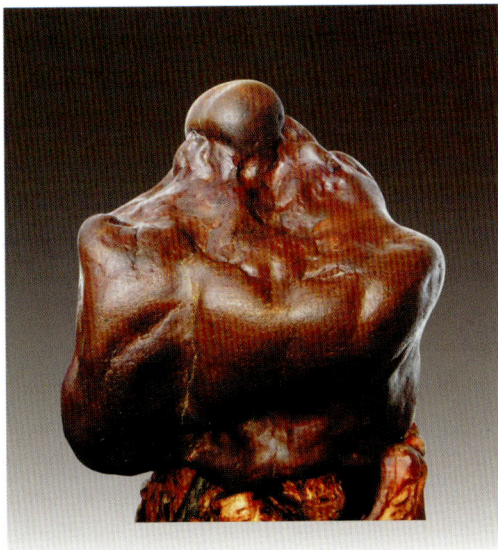

▲与天同寿（▲侧面）
广西水冲石　23厘米×26厘米×16厘米　全建淮藏

▲江山
广西水冲石　全建淮藏

石的书。他认为彩陶石是广西众多的水冲石特有的一种，将水冲石归入彩陶石书不一定合适。

我回答他说，不一定将所有的水冲石都归入彩陶石书中，但具有彩陶石色质的水冲石，可归入彩陶石书中。

我们探讨过我在本书中提的一个观点，彩陶石的概念有两个：广义和狭义的。广义的彩陶石不限于广西一地的彩陶石，本书取广义彩陶石介绍，贵州、湖北、江西、广东等地都有具有彩陶石色质特点的奇石，我与他们交流过，他们都认同广义彩陶石的观点。

为什么我要提出广义彩陶石的概念呢？我和全建淮等石友交流过，我认为现在彩陶石狭义的命名不是以地名命名。名石都是以地名命名的，不可推而广之，如灵璧石、三峡石、太湖石等，以地名命名的奇石，他石不可混淆。

彩陶石是以质地特性命名的，以质地特性命名的名石，往往都不是限于

▲我看富贵如浮云
大化石　6.5厘米×11厘米×3厘米　全建淮藏
　　此后人物造型身体健硕，精神抖擞，那披挂在胸前的长须和丰硕的头颅，足可见其非天上的仙翁即是凡间的人瑞了。藏家说，见到他一定是有福的，他会使你想到寿而康，想到仁者寿。

一地，而是多地。如沙漠石，内蒙古称之，新疆也称之，如玛瑙石，多地皆名之，甚至雨花石之名也不限于南京和仪征，也有多地称之。

当然，无论如何，彩陶石的主体是广西一地的彩陶石，本书描写的重点也是广西彩陶石。

同时，具有彩陶石特点的水冲石，都可视为广义彩陶石。

关于广义的彩陶石，最具有代表性的就是汉江彩陶石，直接以彩陶石命名。

二、汉江彩陶石

汉江彩陶石不是笔者杜撰的，而是陕西、湖北汉江当地石友命名的。他们说，在绚丽多彩的汉江彩石中，备受青睐的要数形、质、色、纹、意俱全、古朴典雅的汉江彩陶石。

汉江是长江最大的一条支线河流，全长1569千米，其中陕西境内709千米，在汉中的全长就有371千米。滔滔1500千米里，流域长，覆盖广，石种丰富。在汉江的沿江两岸崇山峻岭多，沟河如织，蕴藏着丰富的奇石资源，为此，神奇的大自然便造就了天然的奇石产品。汉江石有它的优势，质润、硬度高、石种丰富，其中汉江彩陶石尤其受到石友青睐。

汉江彩陶石是河床卵石，由砂岩、泥岩、灰岩等组成，经亿万年的地质变动、风化侵蚀、水流冲刷等作用而形成，其天然纹理构成各种景物、人物、飞禽走兽等，极具观赏价值。

汉江彩陶石以各种蜡石比较多见，汉江石除了彩陶石，还有汉江红、釉光

▲天作之合
广西水冲石　8厘米×14厘米×4厘米　全建淮藏

青、竹叶石等品种，而这些品种也或多或少地具有彩陶石的特点。

汉江彩陶石的主要特点是质地优良，坚硬细腻，触感柔和；色彩丰富，沉稳古雅，图案精美、清秀，造型奇特，敦厚逼真。

汉江彩陶石的主要品种有如下：

1. 彩蜡石

彩蜡石质地细腻，色彩丰富。从质地方面看，它们具有硬、韧、细、腻、温、润等诸多特性。具有玛瑙质感。没有令人生畏的野气，有的只是溢于表而纳于内心的温和与灵气。再从色彩方面看，红者有如鸡血，浅之则如枫如云；绿者便似翡翠，浅之又似藻似水。

2. 釉光青

釉光青多数为青黑色，也有少许的暖色或暖色点缀的釉光青石。该石表

面光滑，如上了一层青黑色的釉水。它是以其黑而多姿，富有哲理，给人沉寂、幽深、稳重、大度、神秘和玄妙的感觉。

3.绿彩石

该石以色艳见长，绿、蓝、紫、红、黄多色齐备，有的纯净如一，有的缤纷多彩，有的以复色渲染出万绿丛中一点红的效果，石皮润滑、石质坚硬。

4.金纹石

该石属变质硅岩，质地坚硬细腻，表面润洁光滑；色差明显，底色纯黑，上有白色、淡黄色、金黄色纹理，多以黑黄、黑白组合；纹理线条奇妙，如彩云似流水，图纹丰富，意韵浓厚；形状以浑圆者居多，大多底大上小，成小山形或半圆形，菱形、球形、长方体、圆柱体等也常见。由滔滔汉江千万年的冲刷和滋养而形成，磨圆度较好，水洗度佳，所呈图纹有具象美和抽象美，深沉凝重、古朴典雅，别具特色。

5.金钱石

该石石质坚硬，石表包浆完整，石形自然流畅，大小适中，稳健中透出灵巧。自然朴实，手感甚佳。石体上布满了浅黄中套深黄的圆形圈斑，图案清晰，似一枚枚铜钱。该色彩线条明快，朴实凝重，典雅别致。此石是20世纪90年代发现的新石种，因石上呈似古币状纹理而得名。

金钱石亦分白金钱石和黄金钱石。白金钱石的主要矿物成分是二氧化硅，含有少量的角闪石、长石、云母石等，硬度7～8度，石中有套环状的花纹，蓝、绿、白、黄诸色相间，自然明快，古朴典雅。

6.图案石

又称水墨石，其地质构成简单明晰，石英质与石灰质等各种成分互相渗透，赤、橙、青、蓝、绿、黄、紫，白的泛青，黑的似墨，奇妙地变幻出了浑然天成的图案，或平面或立体，或曲或直，或有序或随意，或似彩绘，或如工笔，或如白描，各种各样的景观、图案、人物、花鸟、山水、文字尽显石上。

汉江彩陶石质地坚硬，一般都在6～7度，而且水洗度好，光滑、细腻、温润，多数已达到玉化程度。特别是产自堵河的彩陶石，质地更加优良。主要

▲宝足生金
大化石　20厘米×7厘米×12厘米　杨景洪藏

▲宝足生金（足底）
大化石　20厘米×7厘米×12厘米　杨景洪藏

原因是堵河石年代悠久，加之堵河的河流较长、落差较大、水流湍急，搬运冲刷的力度大所致。当地藏家席文芬收藏的《金三角》，浅陶色的三角形奇石上又形成了一个矩形平台，结合得天衣无缝。

汉江彩陶石色泽丰富，和广西合山彩陶石在色的特点上属于同一风格，在以色取胜方面有异曲同工之妙。

三、云南彩陶石

一位云南的奇石收藏爱好者说："在我刚玩奇石的时候就对彩陶情有独钟了，也不是我不喜欢其他的石种，而是因为我们这里彩陶有一定的资源而且非常漂亮，一点也不弱于其他地方的彩陶，可以说要找到一块好的彩陶石并不是很困难。而我在百度里查找的彩陶，大多说的是合山彩陶、马安彩陶，或者是赣南彩陶。他们除了介绍彩陶的性质外说的都是彩陶资源枯竭，而我想说的是：我们云南也有好的彩陶，只不过是山高路远，坡陡水急而已，难得为大山以外的石友所认识。"

四、赣南彩陶石

赣南彩陶石也叫赣州彩陶石，当地称为赣州彩。

赣南位于江西南部，有千米以上的山峰450座，大小河流1250条，地形地貌复杂，矿藏资源丰富，有世界钨都、稀土王国之美誉。这里蕴藏着许多观赏石，其中当地人称之为赣南彩陶石的奇石独具一格。

赣南彩陶石或赣南彩陶石是具有赣

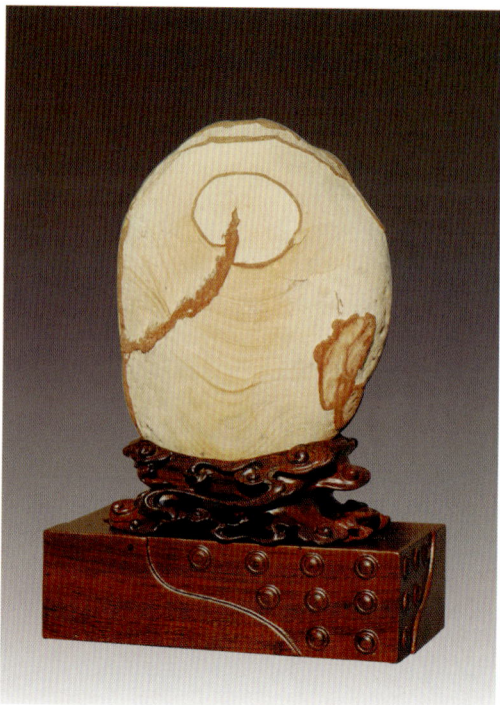
▲奔月
天鹅石　17厘米×23厘米×12厘米　杨景洪藏

▲沧桑
大化石　18厘米×28厘米×7厘米　杨景洪藏

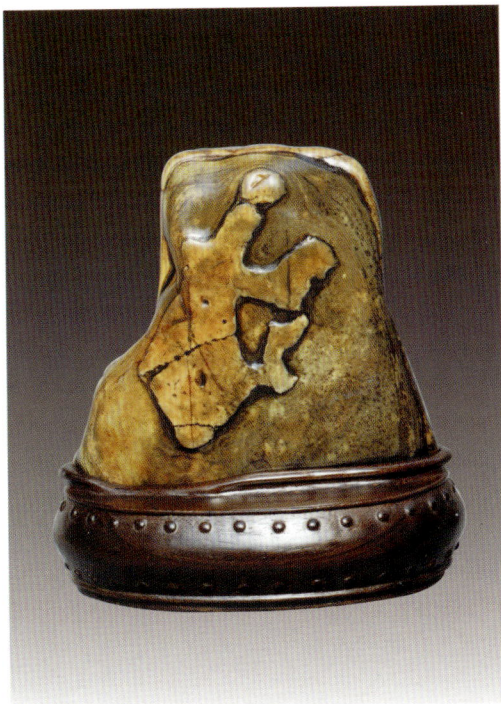

▲长袖善舞
大化石　20厘米×21厘米×7厘米　杨景洪藏

▲大智若愚
大化石　27厘米×30厘米×22厘米　杨景洪藏

南地方特色的石种，它和马安彩陶石一样，是赏石界的一朵奇葩。

　　一般的彩陶石颜色为绿色，有的为黑色，赣南彩陶石广泛分布于赣南各地的河流里。赣南彩陶石颜色较丰富，主要有红、黄、绿三原色，外加黑色，形成了绿色系列、黄彩系列、黑色系列、紫色系列、红色系列，单一色调的石头往往夹杂有黄色、红色或绿色花纹。

　　同一块赣南彩陶石上，有的有二到三种颜色，即使破开，表面反出的颜色也渗透其中，而且水冲度极好，天然釉面光泽，显得五彩缤纷，光彩夺目，一幅幅美妙绝伦的图案和形状奇特的造型让人们爱不释手。

　　经地质部门鉴定，按地质学分类，

赣南彩陶石为酸性岩体中的沉积岩，石质细润，硬度6.5～7度。除观赏性外，还可用作雕刻，作印章的效果也很好。

　　赣南彩陶石较多出现在赣南贡江的支流桃江河流域，桃江河流域不足100千米，由于长年的冲刷破碎，其块度一般都不超过40厘米，其母岩则块度较大。

　　赣南彩陶石的特点是颜色艳丽，皮质光滑细腻，水冲度高，由于其表面五彩斑斓，又有人叫它女娲石，深受赣南石友的喜爱。

　　赣南彩陶石由于产出量少，大多个头偏小，所以如果个头大、质色又好的赣州彩陶石的价格必定不菲，由于其皮质好、色彩艳丽，富有地方性独特质色，加上其产出量少，具有观赏性，成

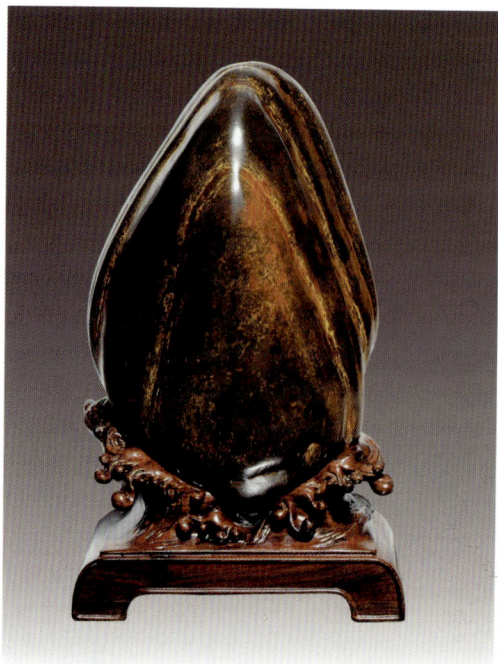

▲滴水报恩
大化石　18厘米×30厘米×15厘米　杨景洪藏

为收藏者喜爱的一个新石种。

五、来宾奇石

　　除了合山彩陶石，来宾还有很多其他类彩陶石。

　　来宾市地处广西壮族自治区中部，辖象州、武宣、金秀、忻城四县和兴宾区及合山市。境内有红水河流经忻城、合山和兴宾，全段长约260千米，沿河是溶岩地带，河床蕴藏着丰富的石种资源。由于红水河弯多滩险，落差大，水流湍急，挟带泥沙和细砾，长期对河床和河岸两侧剥落的基岩进行亿万年的冲磨和抛光，为来宾奇石的形成提供了重要条件。

　　来宾奇石种类繁多。来宾市县县产奇石，目前已知境内已采集到的奇石当

在80余种以上。如，金秀瑶族自治县长洞河产黄蜡石，大樟河产图纹卵石等。象州县大乐镇产珊瑚化石、贝类化石，运江河产木纹石，石祥河产油卵石等，武宣县产水墨石、鹦头贝化石等。尤其是红水河流经的忻城县、合山市和兴宾区奇石品种特别多。

　　来宾市是广西出产奇石最多、数量最大、影响最广的地区，也是广西城乡奇石集散地之一。来宾水石类奇石有绿釉石、墨釉石、黄釉石、红釉石、鸳鸯石、云纹石、水溶墨石、水磨墨石、龟甲石、包卷石、松皮石、斑马石等30多种。山石类奇石有千层石、宝塔石、旱响石、旱墨石、豆粒石、石胆石、蛇皮石、鱼子石等20多种。化石类有菊花石、条纹壮锦石、花斑壮锦石、硅化

▲风的季节
大化石　17厘米×26厘米×8厘米　杨景洪藏

木、叶片化石、珊瑚石、竹根石、贝类石、纺锤虫化石等20多种。来宾的类彩陶石主要是水石。

来宾类彩陶石的石质坚硬，硬、实、密、重、滑、润等性状是奇石的优质特征。来宾市红水河段产的奇石其化学成分多属硅石，其质地细密，坚韧，硬度大，一般在5.5～7.5度，性质稳定，抗拉抗压性能好，耐腐蚀、耐酸碱度高，不易氧化或再氧化。具有便于运输和收藏，不易损坏，不易变形的好处。从来宾红水河段的十五滩、马滩、黄牛滩、蓬莱洲打捞上来的彩釉石系列都具有这一"美德"。

来宾类彩陶石形态奇特。按形态分，来宾类彩陶石有山川、景物、抽象、图纹四类。形象人物，惟妙惟肖，活灵活现；形象景物，如诗如画，似工

▲富贵花开
大化石　13厘米×16厘米×18厘米　杨景洪藏

▲谷幽兰亦芳
大化石　17厘米×14厘米×7厘米　杨景洪藏

▲观音送子

大化石　20厘米×36厘米×10厘米　杨景洪藏

▲浩气长存

大化石　17厘米×28厘米×9厘米　杨景洪藏

笔细描；景观石峰峦叠翠，有五岳之势，集灵秀于一石；文字奇石，笔力刚劲，如水墨浓笔。有重达十余吨的巨型奇石，呈现磅礴之势；也有掌中把玩的精品奇石，玲珑剔透，使人爱不释手。正如台湾著名藏石家、赏石理论家、赏石美学家黄忠胜先生说："红水河雅石代表了国际石文化的潮流"。

来宾类彩陶石色彩斑斓，色泽鲜艳，晶莹亮丽，外表有一层彩色釉面，呈绿、黄、红、灰、褐、墨等色彩，纹理清晰，有单色奇石，也有多色奇石。

来宾类彩陶石风韵天成，其形、质、纹、色、声五大要素俱佳，其形鬼斧神工，其质坚硬晶莹，其纹清晰明了，其色瑰丽多姿，其声清脆如钟。来

宾奇石在历届国际国内大展中都获得过大奖，誉满五洲四海，被称为石中奇珍。

六、红水河奇石

马安彩陶石出自红水河，其实红水河流域的很多奇石，都具有马安彩陶石的特点。来宾类彩陶石只是红水河流域的一部分，红水河流域还有很多其他的类彩陶石。

红水河流域各时代地层发育齐全，沉积类型多，地层岩石的蚀变条件、硅化程度高，再加上红水河水流量大、落差高，对石体冲刷力强，有利于岩石破碎后形成形态各异的石形和润泽的

▲贺寿仙桃
大化石　13厘米×18厘米×6-5厘米×7厘米×2厘米　杨景洪藏

石肤。

　　从天峨至大湾的河段，由此段产出十多种为人瞩目的高品位观赏石，构成红水河石系列。如大化的彩玉石、摩尔石、梨皮石，来宾的卷纹石、黑珍珠石、水冲石、石胆石、国画石，大湾的

大湾石，合山彩陶石、葫芦石、绿玉石、鸳鸯石，都安的都安石，天峨的天峨石等，大多都具有彩陶石的特点。

　　这些红水河石种，玉化（硅化）程度高，坚韧耐腐，质地优良，观赏价值超群。近几年，在全国性的各种石展以

▲ 黑花玉桃
大化石　18厘米×22厘米×9厘米　杨景洪藏

▲ 鸿运当头
大化石　12厘米×17厘米×11厘米　杨景洪藏

▲ 狡猾的狐狸
大化石　19厘米×16厘米×10厘米　杨景洪藏

▲ 虎吼
大化石　28厘米×23厘米×9厘米　杨景洪藏

及在我国举办的一些国际性石展中，红水河石种一直占突出地位，有"无红水河奇石，石展少一半"之说。每次大型观赏石展中，占份额最大的也是出自红水河的观赏石。

红水河石的市场价格，近20年来一直攀升，特别是一些企业家参与奇石收藏后，对市场起到推波助澜的作用，精品石的价格不断提高。彩陶石、大化彩玉石等的大规模采捞仅有10多年时间，就以其千姿百态、绚丽夺目特点吸引着国内赏石界及藏石家、奇石爱好者广泛关注，影响波及日本、韩国、新加坡等，市场上不断爆出"天价"。

早在2003年，一块名叫《烛龙》的大化石，以228万元的价格成交，创下当时单块象形石的成交价纪录。此后大化石价格扶摇直上，不断创出新高。

广义彩陶石中，最有代表性的是大化石和三江石，后文将有专章介绍。

七、三江石

三江石即柳州的彩卵石，顾名思义，三江石是一种水冲石，它和彩陶石在色、质、纹、韵等方面都十分接近。

三江石出自奇山秀水之中，藏于毓秀钟灵之所，它是1991年秋冬季节，由柳州及融安县玩石者在三江东部古宜河上游发现的。1992年7月，在柳州市柳侯公园品石斋第三届石玩艺术评比展销会上，首次向石玩界亮相，被民间藏石界称为"三江石"。

古语云："山川之精英每泄为至宝，乾坤之瑞气恒结为奇珍。"大化石就是这样的奇珍至宝，它出产于柳州地区大化县境的红水河，和彩陶石一样，被视作当今的"主打石种"，身价不菲。

1.三江石的产地

在广西北部山区，有一条水清流急、自东向西奔腾的河流，叫做浔江河，这条河以出产色彩斑斓的卵石而著称，当地人也称她为"奇石河"。

此河流横贯两个县，一是龙胜各族自治县（简称龙胜县），属桂林市所辖；一是三江侗族自治县（简称三江县），属柳州地区管辖。两县地处湘、黔、桂三省区交界地的山区，北属大南山，南归天平山，中部低谷地带即为浔江河主河道。

这三省区交界的崇山峻岭，总体地势为东高西低。区内高山林立，山地海拔均在1000～1800米间，而河谷地带海拔仅150～350米。由于山峰与谷地的海拔差距较大，故水流落差也大。

浔江流域地处亚热带暖湿气候区，雨量充沛，山区林木繁茂，沟谷地带溪流纵横，高落差及水势分流汇聚，切割侵蚀作用强烈，为卵石资源的生成提供了强大的水动力，也为形成高水洗度彩卵石提供了有利条件。

横贯龙胜、三江两县的浔江，其主流发源于湘桂接壤的资源县（属桂林市所辖）车田苗族乡境内的金紫山南坡，

▲龙行九天

三江彩红卵　17厘米×12厘米×23厘米　廖武藏

▲玉玺

三江石　26厘米×43厘米×21厘米　廖武藏

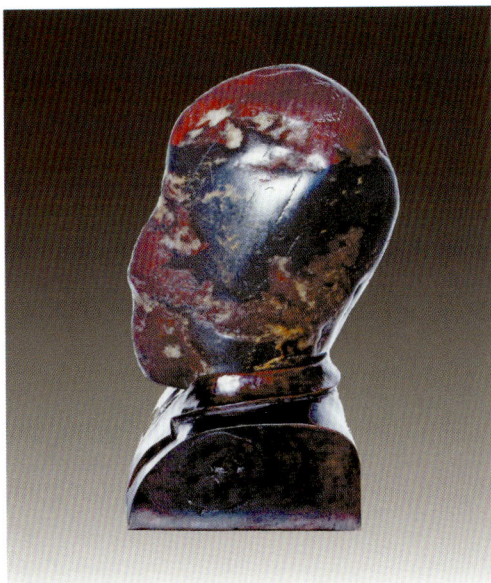
▲鸿运当头
三江石　28厘米×34厘米×16厘米　廖武藏

▲锦鲤
三江石　37厘米×19厘米×10厘米　廖武藏

25

海拔1883米；主流河段全长206千米，其中在资源县境内称五排河，河长38千米。

在龙胜县境内，县城与资源交界的河段称桑江，龙胜县城至石门塘河段称龙胜河。其主流河段长94千米，且滩多流急。主河段与支流芙蓉河、茶寮河、平等河、伟江河、寡头河、平寨河、下花河（又名"大地河"）及三门河汇合后向西流入三江县。

浔江在三江县东部称古宜河，主流河段74千米，又有四甲河、林溪河、洞雷河、八江河等支流汇入。在三江县老堡镇由发源于贵州的都柳江汇入，自此向南，则称为溶江。

从广义上讲，三江石应是龙胜县至三江县的浔江水系所产的以红彩卵石为代表的一系列彩卵石和藻卵石类。三江石中的佼佼者红彩卵石的盛产河段，主要集中在龙胜县境内的下花河（又名"大地河"）、三门河、交州、思陇、牙寨，产石河段长48千米，三江县境内的沙宜、周牙至凤灌等地，也是产石河段。

这些特殊河段依次是：三门河、下花河（又名"大地河"）、桑江下游（交州到沙宜河段）、古宜河中上游（沙宜至斗江河段）、平等河南段以及林溪河等处。

浔江一带，特别是龙胜县西部和三江县东部，由于支流多，坡度大，基岩滩和卵石滩逐渐发育，遍布河流上下，局部地段又流经岩性坚硬细密，色彩丰富的晚元古代（距今6亿~10亿年）古老变质岩地层分布区。所以，浔江的某些支流和浔江的特定河段，盛产驰名中外的彩卵石、蜡石、铁卵石、黑卵石、藻化石和梨皮石。

横贯龙胜、三江两县的浔江河中游，以主产红彩卵石而享有盛名。可以说，国内每一届大小石展或已开馆的石馆里，都有彩卵石展示，彩卵石在石玩界已占有重要地位。

彩卵石类的原生地层并且露出水

面的，主要分布在龙胜县境内的浔江支流——三门河、下花河（大地河）中上游。

三江石是浔江中游的宝贵奇石资源，是一族品类丰富、石质细密而坚韧顽拙，且色彩斑斓的奇石。它具有血红、铁黑、艳紫，兼有紫红、黄、棕、褐等多种暖调石色，其中最负盛名并被赏石界越来越器重而受宠者为碧玉质彩卵石。

2.三江石的种类

三江石地处柳州辖区，故而成为柳州奇石的代称，有些虽然不产于三江县的柳州奇石，因与三江石同一大的石区，又同一奇石风格，因此也被称为三江石。甚至整个广西的奇石，有的藏家也以三江石统称。三江石品种繁多，有卵石、黑石、太湖石、彩霞石、彩釉石、彩陶石、砚石、古生物化石等多种。

大概念的三江石，主要有如下石种：

(1) 黄蜡石

产于广西三江县浔江，属硅质岩卵石，其色鲜黄而湿润，石肤有蜡脂般的透感，硬度约6.5～7度，其形千姿百态，颇有形神兼备的韵味，部分黄蜡石具有透、漏、皱的特点。

▲ 金鼠纳财

三江石　76厘米×39厘米×29厘米　廖武藏

▲紫金玉
三江石　41厘米×24厘米×40厘米　廖武藏

有黄蜡与白蜡之分，黄蜡象征富贵，白蜡象征玉洁。

（2）碧玉卵石

产于广西三江县浔江洵，属硅质粉砂岩卵石，硬度约6.5度，石色有多彩与纯色之分，纯色以深紫色为佳。生成于寒武纪前期，约8亿多年。

（3）黑珍珠石

产于广西来宾县红水河，属硅质凝灰岩水冲石，硬度5.5～6度，石肤赋滑、漆黑生光、造型变化较大，多见于山形景观及形象石。

（4）墨石

又名墨湖石，产于广西柳州山区，属碳酸钙沉积岩，硬度约4.5度，又分为白纹墨石和云雾石等，其色纯黑有光泽，具有太湖石的瘦、透、漏、皱及云头两脚之自然形态，并有灵璧石叩而有声的特点。

（5）石胆石

柳州红水河所产之石胆，其色深红、黄、黑等色均有，属碳酸钙结核，形态以圆形多见，亦有百姿千态的自然造型，硬度4～5度，又分水石胆和山石胆，后者产于柳江县山区。

（6）成岩水冲石

产于来宾县玉忻城县的红水河段，属硅质灰岩石，硬度约6度，水冲石造型变化大，属积沉岩。在成岩过程中，经搬运、断裂、含砂急流的冲刷及消融等外因造就了它的千姿百态。

▲富贵鸿运掌
三江石　35厘米×42厘米×20厘米　廖武藏

（7）柳州草花石

草花石产于广西来宾县铁帽山林场的黔江下游处，与武宣县黄茆镇隔岸相望。

草花石属片层岩，硬度3～5度，一般用爆破法开采，获得的石料需经过切割打磨，才呈现出清晰画面。

石上不同的色彩由沉积岩形成，在成岩阶段得到致色物质的渗透，或自身染色离子以辐射方式析出，从而形成不同的画面。

柳州收藏家张舜梅说："草花石因石上画面多呈现单色或多色彩的草花状图案而得名。也有人因其具有浓郁的中国画笔墨意趣而称其为中国国画石。其实，草花石的图案并不局限于草花，它可形成人物、花鸟、山水等诸多景，其

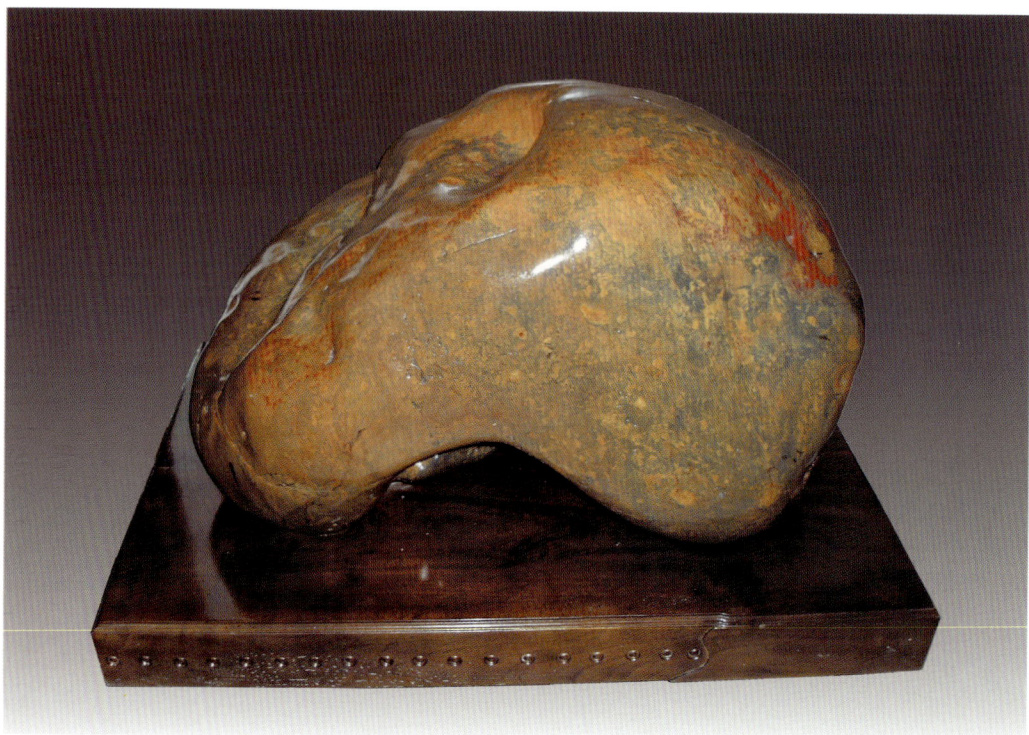

▲祖先印象
三江石　廖武藏

审美特征也不局限于中国国画，具有版画、油画风格的草花石也不鲜见，只不过先入为主之故，草花石、国画石的名称逐渐叫了开来。"

草花石里常含有单体珊瑚化石，由此可推测草花石形成的地质年代大约距今四亿七千万年。

国内与草花石类似的齐彩石、模树石等画石种类也不算少，然而均因硬度不及草花石高，色彩不及草花石丰富，图案不及草花石有韵味，以致不及草花石那样广受青睐，除了大理石能与之媲美外，再无出其右者。

3.三江彩卵石的形成

三江彩卵石的原生岩层，虽然生成

▲红牛雄风
三江石　38厘米×27厘米×20厘米　廖武藏

▲红霞影仙洞
三江石　43厘米×34厘米×30厘米　廖武藏

▲中国红风采
三江石　42厘米×34厘米×20厘米　廖武藏

▲龙飞凤舞
三江石　38厘米×27厘米×20厘米　廖武藏

于距今10亿~6亿年前的元古代晚期，但彩卵石的自身形成，则是近几百万年以来的事。

经过几百万年冲刷、演变，巨石变为表面还不够光滑、外形起伏多变的较大彩卵石，进而又被改造为光滑圆润的成熟彩卵石，成为浔江水系特有的奇石资源。

在龙胜县三门镇大地村的彩卵石发源地，上游3~4千米长的"奇石谷"中，彩卵石个体有长数米而重逾20多吨者，之后则渐小，重不足吨。至三江河下游，彩卵石每块重不及百千克，三门河过交州汇入浔江后，则彩卵石以每块15~30千克者为常见。总之，越往浔江下游，彩卵石个体就越来越小。

根据地质资料的推断，在距今10亿~8亿年前，龙胜县境内三门镇一带，为深海盆地中的海底火山强烈活动地带，由于有火山喷发物的沉积，形成了一条特殊的碧玉化石英岩、碧玉化含铁石英岩及碧玉岩等色彩丰富的富硅质硬岩石。这就是形成彩卵石类的主要原生岩石，是彩卵石类形成的物质基础。这样，龙胜县三门镇一带就成为品类繁多的彩卵石发源地。

除此之外，浔江水系还分布有元古代晚期的各种变岩、板岩、石英岩、含铁石英质岩，如：变质砂岩、石英粉砂岩以及细碧岩等，也为其他卵石石种的形成奠定了基础。

由于浔江水系分布区地层时代古老，经历了亿万年的漫长地质演变，受到多次强烈的地壳构造变动，产生了一系列的大型断裂，致使本地变质岩中形成较多的由二氧化硅矿物质——石英强烈交代、充填而成的断裂硅化破碎带。

这些硅化了石英质岩石和石英脉，就是蜡卵石类量多而品种丰富的根本原因。

4. 为何三江石长期默默无闻

当今三江石蜚声四海，成为中外石界热点，这是近20年来的事情，与中华民族数千年的赏石史相提，与众多传统名石并论，三江石长期默默无闻。

奇石本是远古之物，都是蕴藏于河山，为何三江石至今才惊世骇俗？又为何在历史上籍籍无名呢？

具体分析，主要有以下几个原因：

一是信息闭塞经济局限，三江石难

▲绿碧玉
三江石　75厘米×58厘米×27厘米　廖武藏

▲雾锁群山
三江石　32厘米×22厘米×10厘米　廖武藏

以面世。

自古以来，三江石产地受到高山阻隔，河道险恶，世居偏僻独处的先民，日出而作，日落而息，日求三餐，夜求一宿，外地文明难以进入，自身也难得走出山门。

"不知有汉，无论魏晋"。在闭塞的时空环境内，抑或当朝中原士大夫在高堂论石，官府民间忙集"花石纲"时，而先民们殊不知脚下有珍奇，也就无从采捞几许，入市换些银两。

二是赏石文化落后，三江石无文人墨客"宣传"。

赏石说到底是个文化现象，自古"南蛮"之地的柳州，自然是不出产文人的，有幸外来个遭贬的柳宗元大文人，不幸的是到任几年，刚捡了柳江"龙壁加澜"处奇石，制砚赠诗友刘禹锡不久，即仅让柳州沾了一点石史，留下个故事，他老人家就与世长辞了。

三是长年河深水急，三江石难以自然惊现。

得以成名的柳州水冲石，成于特有的地理地质条件，神工于湍急流激的河道深湾处，不像其他地带的水石，常历枯丰，易于发现。古时低下的深水探捞能力，是难以人工采集这些奇石的，奇石也就难见天日，"藏在深闺人未识"。

四是远离帝王，三江石难能全面发现推举。

历来与帝王沾边的事物绝对显赫，许多地方的奇石就沾了光。古时地处边疆的柳州，荒芜人稀，关山险阻，难以发现，所以，柳州纵有几多奇美之石，无奈王者无缘，官家命乖，美石命蹇。

五是赏石标准僵滞，三江石之花未

▲鸿运当头
三江石　39厘米×28厘米×20厘米　廖武藏

能拥和竞放。

奇石赏玩到宋代米芾时，成就了皱、瘦、漏、透、丑的五字赏石"真言"。总结了经验，确定了准则，也固化了观念。"真言"自然而然成为观古赏今石的标准，长久地影响了人们对一些新的石种的认识和开发。

"青山遮不住，毕竟东流去"。三江石及周边的天峨石、来宾石、彩陶石、大化石露出沉寂亿万年的水面时，就象朵朵绽开的鲜花，沐浴着时代的春光，带着鹊起的欢欣，在中华奇石的百花园里，争奇斗妍，留下了芳踪美名。

三江石的脱颖而出，与当地有识之士的文化发掘和推广是分不开的。唐正安先生系广西观赏石协会高级顾问、广西师大客座教授，他平时公务繁杂，然而忙中偷闲，悠游于石玩山水间，并对三江石情有独钟。多年来，他数次深入三江石产区，寻根溯源，访古探幽，潜心研究，颇具心得。

从另一方面看，某种程度而言，是旅游热带动了中外人士对三江石的发现和青睐。桂林阳朔山水的灵秀吸引了大

量中外游人来到这里，才有了奇石市场
和奇石的传播。

5.三江石鉴赏

较早集中论述三江石的是《柳州赏
石报》，曾出版过三江石专辑，还发表
了对三江石的评论，这给了收藏家很大
的启示。一些收藏家十年来对三江石的
探索、采集、观赏、收藏的体会，对三
江石鉴赏提出不少不同观点。

有的认为"三江石"具有四大特
色，有的认为三江石妙在五好：质、
形、色、纹、声俱绝，石质坚韧温润，
石形仪态万千，石色光彩照人，石纹幻
变无穷，石声韵味十足。

因此，三江石的鉴赏大致也应围绕
这些特色和好处展开。

（1）石质鉴赏

石质相当坚硬，硬度达7度，是一
般石种不能相比的，因而市场造假因素
较少。

（2）色彩鉴赏

特别是红彩卵石，有全红、血红、

▲童颜老者
三江石　25厘米×43厘米×17厘米　廖武藏

花红、紫红、斑纹红等；紫彩卵石则有
红紫、花紫、灰紫等，色彩非常艳丽，
韵味浓郁。

（3）造型鉴赏

造型奇特多变。有人误认为，硬
度强的卵石很难形成怪石，其实不然。
"三江石"中有造型奇特的景观石、文
字石、人物及动物等象形石，以及卵石
中形成的斑纹图案浮雕等。其造型都相
当美观。

（4）石种鉴赏

除彩卵石类和蜡卵石之外，浔江卵
石还包括黑卵石类、铁卵石类、梨皮石
类、藻卵石类、层状卵石类等石种。就

▲琼台
三江石　廖武藏

▲宝座
三江石　43厘米×50厘米×47厘米　廖武藏

目前已经发现和掌握的石种，共有七个大类，并包含26个亚类石种。

　　彩卵石和蜡卵石类，构成了浔江水系最主要的丰富多彩的石种类型，是龙胜县及三江县卵石石种类型的主流。特别是红彩卵石堪称一绝，以其质坚、色艳、形奇、种多而韵味足，具有独特的

观赏与收藏价值，而成为"三江石"之精华。

(5) 气韵鉴赏

　　三江石尽藏天地造化之无穷幻变，石小乾坤大，"观烟雨三峰外，都在灵山一掌中"，小石有趣，中而有韵，大

▲金花仙桃

大化石　15厘米×20厘米×7厘米　杨景洪藏

▲金龟贺寿
大化石　20厘米×17厘米×10厘米　杨景洪藏

▲金龙回首
大化石　18厘米×17厘米×6厘米　杨景洪藏

者之石，气势峥嵘。

三江石经十余年的蓬勃发展，成为观赏石中的珍品，被国内外爱好者争相收藏。在柳州已形成"中华石都"等四个观赏石市场，从业人员（石农）从20世纪80年代的数十人，发展到今日的万人之众。

八、大化石

大化石本不属于三江石，大化石出产于柳州地区大化县境的红水河岩滩地区。全长660千米的红水河是一条神奇的河流，沿岸河滩和水中出产有数以百计的各种优质硅质水冲石，其中如卷纹石、彩陶石、石胆石、黑珍珠、来宾石、摩尔石、都安石等。

但大化石与三江石同处广西地域，有相同的血缘关系，有类似的风格，所以这里一起论述。大化石又称彩玉石，产于广西大化县岩滩（红水河），属硅质火成岩，硬度约4.5～5度，其色有黄、红、青、紫等色，石肤如釉面，透如羊脂，具有温润温馨之感。

如果说，内蒙戈壁奇石越小越容易"出彩"的话，那么被视作新派赏石（有别于传统赏石）代表性石种的广西大化石，却是越大越精彩。在当今赏石圈，大化石被称为石界的神话，其被大规模发掘虽然不过是短短十年左右的时间，但其精品的价格差不多每年都以翻番的速度上涨。

柳州石市上成交价最高的奇石，是一方形同聚宝盆、重达800千克的大化石，据说成交价为230万元。

这块奇石在第二届柳州国际奇石节上曾露过脸，那是它刚刚出水不久，当时15万元就可成交，四年时间价格涨了10多倍。

近年，市场上身价上百万元的奇石之中，很多都是大化石。有人说，在各种重大石展中，大化石也是缺一不可的"明星"，没有大化石的高调亮相，石展往往会黯然失色。

大化石为何身价如此之高？除了商业炒作因素以外，不可否认，它的质、色、纹、形、体量等等，确实在芸芸众石中属于非常出挑的。

▲金色乐章
大化石　24厘米×12厘米×10厘米　杨景洪藏

柳州市人大副主任徐伟崇就是一位资深的藏石家，被大家尊称为"石头市长"。他对于大化石有过这样的评价："我看用'空前绝后'来比喻都不为过。因为一块大化石上，大多集一般百姓、达官贵人、帝王将相都顶礼膜拜的几大要素，这就是'玉'的光华细润，'瓷'的高贵典雅，'金'的辉煌灿烂，'虎纹'的霸气寒光。除此之外，大化石体量硕大，可谓'三千宠爱于一身'！"

20世纪80年代以来红水河水冲石的不断问世，奇石的开发和销售在柳州形成了一个产业，至少解决了几万人的就业问题，当地的旅游产业由此得到了发展。

据调查，去柳州观光的游客，在柳州所有旅游景点中，选择奇石市场的排

▲年轮传奇
大化石　18厘米×26厘米×17厘米　杨景洪藏

▲ **柳堤牧歌**
大化石　16厘米×12厘米×4厘米　杨景洪藏

在第一位。奇石产业成为柳州经济中最直接有效、最有条件和影响力、最具操作性的热点项目之一，红水河奇石也成为柳州的城市名片。

据统计，目前当地玩石者近十万之众，已经占整个城市人口的十分之一。创办于1999年的柳州国际奇石节，被公认为是国内人气最旺的赏石界盛会之一。

在第四届柳州国际奇石节的石展上，荣获评委会金奖的奇石之中，红水河流域的水冲石就占了七成。

在这些林林总总的优质水冲石中，能够笑傲群侪的，当推大化石。因为要论质地的玉化、色彩的亮丽（有褐黄、棕红、翠绿、橘红、陶白等多色），以及富有"宝气"（水洗度良好所形成的釉面），都非大化石莫属，其石质结构紧密，摩氏硬度约6～8度，所以它又有彩玉石之称。有的大化石质地完全玉化（已经有人将它当作雕刻原料）。如果从比价效应来说，目前优质和田籽玉是按克论价（而且少见亮丽色彩），而一块优质大化石动辄数十千克重，其身价不菲自然也是名至实归。

这些年来，原来较为落后的红水河岩滩地区居民，因为有了大化石的庇荫，许多人得以脱贫致富，有的盖起了别墅，有的买起了洋车。前几年，因为沿岸、浅滩的奇石早已被收集殆尽，当地居民们动起了深水捞石的脑筋。一条新式打捞船投资往往数百万元，另外还要雇佣潜水员，开支不小。

如今，深水打捞从三四十米一直到了七八十米，潜水员们因为深水河床水流湍急、气压太大而致残乃至变身"水

▲热带鱼
大化石　18厘米×20厘米×9厘米　杨景洪藏

▲皮诺曹
大化石　20厘米×15厘米×9厘米　杨景洪藏

▲人之初
大化石　10厘米×21厘米×7厘米　杨景洪藏

▲儒家始祖
大化石　12厘米×32厘米×6厘米　杨景洪藏

▲扇画传奇
大化石　30厘米×17厘米×7厘米　杨景洪藏

▲上下五千年
大化石　24厘米×20厘米×8厘米　杨景洪藏

▲寿翁

大化石　12厘米×20厘米×9厘米　杨景洪藏

▲授道解惑
大化石　17厘米×17厘米×17，3厘米×8厘米×4厘米
杨景洪藏

▲碎花金冠
大化石　29厘米×23厘米×12厘米　杨景洪藏

▲碎花金砖显人文
大化石　23厘米×9厘米×14厘米　杨景洪藏

▲ 天籁之音
大化石　28厘米×9厘米×16厘米　杨景洪藏

鬼"的事件屡有所发。当地政府几次三番颁令予以取缔，但收效甚微。这种几近疯狂的现象，是其他石种开发过程之中少见的。经过多年的开采，目前产出大化石的整个河床几乎已被翻了个底朝天，精品出水率越来越低。

大化石产地的存量精品石奇货可居，叫价千万乃至上亿元的都有。据当地领导介绍，为了让更多的大化石精品永留产地，使之成为当地的一道亮丽风景，当地政府已经在岩滩拨出一块土地提供给一位藏家建设大化石博物馆。

与大化石有类似之处的奇石，还有同源于广西壮族自治区的来宾石。来宾石质地坚硬，石面由多种颜色组成，石纹粗细有度，形成优美线条，更显生动。

第三章

彩陶石的鉴赏

彩陶石具有较高品位的审美价值，它以其亮丽的色彩，光滑的釉面，在海内外石玩界颇具盛名。彩陶石的独到之处的色美、表润、质细、古朴、典雅、刚柔相济、虚实互涵，使人倍感亲切和幽静。

彩陶石的鉴赏以色的鉴赏为第一，其次是石质鉴赏。但彩陶石形状缺少变化，形状多为块状，常有高低错落的方圆角，所以还是以观赏石皮颜色为主，其石的表面有蜡状光泽，幽静而优美，淡雅柔和的色彩，层次井然的石纹，兼具古老文明的神韵，形成了彩陶石独特的审美风格。

一、彩陶石鉴赏之道

道可道，非常道。彩陶石鉴赏之道就是彩陶石鉴赏过程中的方法、原则和理念，是对其美学特征的感悟和把握。每一种石头都以自己独特的美学特征而名扬天下，彩陶石以其质、形、色、润的特征和千姿百态的丰富画面及造型，而受到文人雅士的珍爱，近十年来更是备受中外赏石界广大爱好者的喜爱。

彩陶石的鉴赏之道和审美标准，也是历史的、变化的、与时间俱进的。古人云："山无石不奇，水无石不清，园无石不秀，室无石不雅。赏石清心，赏石怡人，赏石益智，赏石陶情，赏石长寿。"

彩陶石鉴赏之道要重点把握如下几点：

1.树立正确的赏石理念

赏石文化中，彩陶石文化是最博大

▲第一湾
马安彩陶石　18厘米×13厘米×8厘米　高东升藏

精深的一种石文化，树立正确的赏石理念，首先要把握彩陶石其形以自然质朴为本，质地以纯正为上，声音以清脆悠扬为妙，色彩以富贵典雅为美，境界以"微妙玄通"为高，彩陶石这些独特的特征作用于人就会产生一种"细雨潜入夜，润物细无声"的美妙的艺术效果，使人在进入悟道世俗的同时达立德修身之目的。

　　收藏彩陶石，要尽量冲出功利炒作的怪圈。改革开放后，中国赏石文化走过30多年复兴之路，同时也步入过功利炒作的误区，在采集、购藏过程中，无不打上功利的烙印。赏石活动中，彩陶石赏石艺术性不足的现象普遍存在，石头无疑成了奇和怪的商品，这时它的文化气息悄然隐去，取而代之的是功利行为和占有欲，表现出肤浅的赏石艺术观。

▲河姆渡文化遗迹
马安彩陶石　38厘米×12厘米×6厘米　高东升藏

2. 要端正赏石心态

彩陶石鉴赏是艺术，是文化现象，表现在确定主题，底座设计、艺术创作的各个方面。把彩陶石鉴赏的每个环节都当作艺术创作、文化活动来看待时，就不是简单的采石、藏石、参展和出售了。这样自然会形成浓郁的文化气息，这样赏石发展就会从无序到有序，从感性化玩石向理性化、科学化的方向发展。

3. 回归自然、天人合一

中国古典文化中，回归自然、天人合一是文人的追求，传统思想认为人性本来具有"善"的倾向，人生而逐渐坠入习惯之中，人应当努力回到生命的自然，彩陶石是自然之物，成为精神的寄托。回归自然就是回归"理性"。理性是顺乎生命自然的规则——活气。直觉便是活气发见于外面者，真正的"活气"是生机的活泼，即生机的畅达、生命的波澜。彩陶石鉴赏是起点，目的是回归自然、天人合一。

4. 要提高审美眼光

收藏鉴赏奇石，可以提高自己的文化素质和审美能力，要提高审美品位，首先就是要多看书、多学习、多研究，在收藏实践中练就一双富有审美感知力的眼光。

在彩陶石藏品中，有色彩的鉴赏，也有形状的鉴赏和画面鉴赏，形状和画面的鉴赏如有人物形象石、山水风景石、飞禽走兽石、花鸟虫鱼石等，这些都属于画面石和造型石，它的上品应是形象完整逼真，线条明晰流畅，石质纯净，色泽天成，蕴意深刻，对比度强的

▲ 夹心方包
马安彩陶石　38厘米×42厘米×18厘米　高东升藏

奇石，善于欣赏上品，品位自然就高。

彩陶石石形以多边形的几何形体居多，水洗度很强，表面光滑细腻，各种矿物组成的颜色鲜亮，一般以豆绿、灰色、墨色为常见，而以绿色为上乘。富有审美眼光的鉴赏者一眼就可以看出，马安彩陶石的外形变化较小，主要应欣赏石头的形状、颜色和质地。彩陶石的形状有象形、景观等状。

因此，要提高彩陶石艺术鉴赏水平，达到奇石鉴赏的高层次，要提高审美眼光，鉴赏者本身要不断提高自身的艺术修养。

5. 积累丰富的生活经验

彩陶石也要积累丰富的生活经验。生活经验是人生阅历的积累和总和，是艺术家进行创作活动的基础。好的彩陶石作品的发现，离不开鉴赏者的生活基础。只有经过长期的经营与日积月累的丰富生活感受，方能做到"胸有成竹""搜尽奇峰打草稿"，才能以极大的创造能力来发现奇石之美。

▲ 海洋鱼

马安彩陶石　35厘米×16厘米×10厘米　高东升藏

6. 要有广博的文化知识

优秀的鉴赏家，无一不是学识渊博、多才多艺的人。注重加强文学修养和对姊妹艺术及有关专业知识的学习，对从事鉴赏活动大有益处。如自修古文、阅读历史文献和文艺著作，学点书法、绘画，读点诗词及天文、地理、历史等，对鉴赏彩陶石都是大有裨益的。

欣赏彩陶石同时要注意防止思维僵化，合理、巧妙利用好横向思维方式，因势利导，逐渐品读深涵其中自然造化的奇石灵气、生气、元气，与石气息相通，与石进行活的对话，才能真正感受大自然与人的默契与交融，这就需要有广博的文化知识，有了广博的文化知识，就能够更深刻地感受彩陶石无穷无尽的魅力。

7. 要培养自己的艺术素质

随着社会的发展，对各类艺术的要求越来越高，需要不断提高奇石鉴赏的技艺。要十分重视专业的基础训练，才能得心应手地进行彩陶石鉴赏活动。正如一位藏家说："我们一直坚持的观点是，石头玩的是文化和艺术，我们把收藏的石头按艺术的品种分成了文字石、造型石、画面石和怪石四大类，分别陈列。文字石代表书法，画面石代表绘画，造型石和怪石代表雕塑。"

天然彩陶石以质坚、色雅、肤润、整体协调、形韵统一为艺术特色，任何优质的赏石精品都是在大自然的给予中万里挑一选择出来的。因此收藏者鉴赏时要培养自己的艺术素质，做到善于探究、发现，要用审美眼光、素养、机敏悟性，加上丰富的阅历、知识，与彩陶石结石缘。

8. 以发展的眼光看赏石标准

古代的赏石标准是皱、瘦、漏、透，按照这一标准，彩陶石一项都达不到。

如今，中国的赏石标准已经从传

统赏石崇尚单色、形态，遵循皱、瘦、漏、透的赏石要诀，发展到当代赏石崇尚形、质、色、纹的赏石理念，而彩陶石正是引发当代赏石文化变革的标志性石种。

相对于古典赏石文化时期，现代赏石文化时期是从赏玩彩陶石开始。相对于赏玩单色奇石时期，当代赏玩彩色石时期以彩陶石出现为坐标（雨花石属另类小卵石除外）。所以，有识之士说："彩陶石的打捞出现，意味着具有两千多年的中国赏石史进入了一个赏彩石的新时期，进入了一个以形、质、色、纹为赏石理念的新时代，具有极其重要的历史文化价值。"

所以，要以发展的眼光来看赏石标准，收藏彩陶石，不仅仅是收藏一种奇

▲乐山大佛

马安彩陶石　22厘米×19厘米×13厘米　高东升藏

▲头脑

马安彩陶石　14厘米×16厘米×6厘米　高东升藏

石，更是收藏奇石的一种新观念、新思想、新美学、新文化，意义深远。

二、鉴赏的最高追求是意境

马克思曾说："社会的进步，就是人类对美的追求的结晶。"彩陶石的鉴赏，究竟为何而赏？赏什么？

中国地质大学教授、中国著名赏石家贾精一曾提出：当代赏石的内容分为三个方面——形式美、意境美、科学美。其中，形式美是基础；意境美是精髓，是核心；科学美是发展的方向，需要引导。这三个方面，又称"当代赏石三要素"。

由此及彼，可见人们鉴赏彩陶石，其实是欣赏彩陶石的美感。彩陶石的美，包含了形式美、意境美、科学美三个方面。其中意境美，是三者之间的核心和最高境界。在石艺创作和鉴赏活动中，收藏家常说"形象易得，意境难求"，表明奇石收藏鉴赏中，是很重视意境的。

因此，一枚天然彩陶石的价值，既要看它的形式美、科学美，更应注重它的意境美。彩陶石的鉴赏核心和最高追求是意境美。

意境是彩陶石的生命，是彩陶石作品美的灵魂，意境深浅是彩陶石艺术价值高低的要害和关键。只有把三者有机结合，做到突出重点，分清主次，全面鉴赏，方能正确分辨出彩陶石的价值高低来。否则，抛开意境，单纯从表象去谈彩陶石的价值，无异于缘木求鱼。

▲ 渡
马安彩陶石　26厘米×42厘米×21厘米　高东升藏

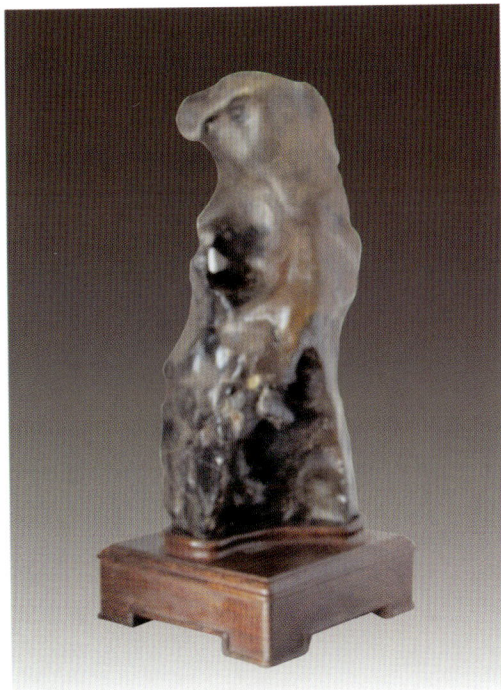

▲鸟人
马安彩陶石　32厘米×13厘米×12厘米　高东升藏

▲冬种一粒粟
马安彩陶石　16厘米×12厘米×6厘米　高东升藏

"意境"是古人艺术鉴赏的一个标准，今日赏石界流行此词，这个词是从诗词作品中迁移而来的。在我国古代诗词理论中早就有关于意境的论述。王世真《艺苑厄言》称为"意象"；胡应麟《诗薮》中叫"兴象"；王夫之《姜斋诗话》名曰"情景"；而王国维《人间词话》则把意境称为"境界"。

意象也好，兴象也好，情景也好，境界也好，都是说艺术作品的艺术形象，追求一种景外之景，图外之画，弦外之音。无论诗情、画意、神采、纹韵、都包含在意境之中。意境是一种超越实体，超越时空的艺术境界。

彩陶石鉴赏一般是从色彩和石质的初级阶段开始的，随着人们对文化艺术的更高追求，逐步走向赏其情景、意境，赏出石头之外的更高境界（抽象石）。如大象无形、大音希声，赏出无状之状、无象之象，观赏彩陶石时隐隐可以听见溪间潺潺流水之声。

并非所有的人都能达到此种境界，入浅水者得鱼虾，探深险者得蛟龙。只要虔诚地爱石，尊石为师，以石为友，善于发现奇石之神韵，努力挖掘石头深刻的内涵，用眼观其形、用心领其神，才能达到较高境界，更好地读懂彩陶石这本无字天书。这正如柳州市箭盘山奇石园八桂奇石馆门外悬挂的一副对联："奇石贵天然，虚实肥瘦皆无价；精品在人为，形色纹质自有情。"横批是"石我交融"。

"石我交融"也是彩陶奇石审美鉴赏的最高境界。收藏者有了这种修为，

▲铁饼

马安彩陶石　60厘米×32厘米×46厘米　高东升藏

就能将对彩陶石的物理赏析、情理赏析、境界感悟之法用于对人的欣赏上。如用在夫妻之间，在年轻时相互欣赏其容貌美，中年时欣赏亲情融洽美，老年时欣赏人生境界美，相互欣赏的同时所带来的是家庭的和谐美好、万事的兴旺通达，实现格物、意诚、正心、修身、齐家、治国、平天下。

彩陶石一方面是大自然的杰作，另一方面，又是作者（发现者、打磨制作者、收藏者）的力作，一件好的彩陶石作品，常常具有深邃的意境。彩陶石欣赏者，如果具有较高的审美鉴赏水平，就可以欣赏到作品的意境美，得到美的享受，更得到意境美的享受。

王国维说"以物观物"，以物观物鉴赏彩陶石，才能达到无我之境界。因此，以石观石，才能创造出自成高格的彩陶石艺术作品来。

"厚德载物"之德，也是当代彩陶石鉴赏所要达到的最高境界，所以说彩陶石在人的道德修养上最能体现当代赏石文化的宗旨，实现赏石文化的宗旨。

三、彩陶石色的鉴赏

彩陶石的鉴赏首先是颜色，石上天然过渡色极佳，色泽条纹层次分明。

色彩的鉴赏是彩陶石鉴赏的最突出的鉴赏内容。从色泽上看，彩陶石有翠绿、墨黑、豆绿、褐红、橙红、棕黄、灰绿、棕褐、浅蓝、青灰、古铜等色泽，主要是绿色、黄色和黑绿两色的鸳鸯石，绿者生机勃勃，赭者苍润古典，墨黑具有耐人寻味的神秘感，堪称一绝。

不同色彩的石有不同名称，如有绿

▲奶头山
马安彩陶石　38厘米×42厘米×23厘米　高东升藏

玉石、黑釉石、黄釉石、棕釉石等多个种类等几个常见的颜色，绿色为其中上品，尤以清净素淡、莹澈如翠玉的绿，最为令人动心。

另外，彩陶石还有纯色石和鸳鸯石之分。纯色彩陶石淡雅素净，强调以柔致韵，在视觉上给人一股超尘拔俗的感觉；鸳鸯彩陶石则以多色为佳，颜色越多，变化越大，疏间有致，其贵亦甚。若是色彩图纹能有立意者，更是难得的珍品。

黑彩陶石质地细滑，润泽感佳；彩釉石则多见方柱棱角之形，石肤温润如脂，石色釉面光彩怡人，尤以翠绿色为贵。

鸳鸯石以下部墨黑而上部翠绿色者为上品；而绿质黄釉石具有唐三彩之神

▲天工壶艺
马安彩陶石　20厘米×10厘米×13厘米　高东升藏

▲ 鱼狗

马安彩陶石　26厘米×18厘米×16厘米　高东升藏

韵；尤其彩釉石类产出极少。

彩陶石有一种古生物彩陶石，石质坚硬，湿润细腻，石质玉化，因此也称为彩玉石。这种古生物彩玉石属古生物彩色化石，化石结构清晰，色彩艳丽，妙趣横生。它是在极其复杂的地壳变动中由于岩石裂变、沉积而成。

古生物彩玉石一经切磨加工，天然纹理纵横相交，颜色自然搭配，图像变化万千，画面古朴典雅，沉稳高古。

化石本就珍贵，彩陶石中的彩石化石实属奇中之奇，巧中之巧，而绿玉石色调沉静优雅，纯净无瑕，收藏鉴赏价值很高。

中外赏石家都将产于马安村十五滩的绿釉石列为收藏上品，因其色泽翠绿如玉，石肤如釉，光滑油润，故有绿釉石之美誉，驰名海内外。1996年5月台湾十多位知名石友到合山考察，对彩釉石赞叹不已。回台后苏绣媚女士撰文在《石之艺术》第25期发表，盛赞："彩陶石之大陆石种，兼具高水平形、质、色，广受各方面青睐，而今犹如出水芙蓉，成为石友中不可多得的美石，更为造物于自然宇宙间，成就了彩陶美石之恩赐而感动。"

四、彩陶石皮的鉴赏

彩陶石难于出形，因此，光洁莹润

▲奇窍通灵

马安彩陶石　41厘米×58厘米×22厘米　高东升藏

▲好酒
马安彩陶石　15厘米×18厘米×10厘米　高东升藏

▲老子研经
马安彩陶石　26厘米×33厘米×18厘米　高东升藏

的石皮和石肤就是它的最大亮点，其石肤润泽，有的似陶色，有的像古瓷。

通常来说，园石宜瘦皱古拙，斋石宜典雅温润。伴随彩陶石色彩美特点的的另一个玩点就是水洗度高，石皮光滑致密，平日无须油蜡养护，只是用软布轻轻揩拭，就已是光泽熠熠，莹润美丽。

精品彩陶石，石面更像是镀了一层透明的水晶釉，发出玻璃般的明亮光泽。令人疑心这就是上古神话中女娲用于补天的五彩石。若非天地之精气凝聚，又怎会莹洁若此？

在大自然地层变化中，水冲融蚀的造化中，鬼斧神工最终形成变化无穷，神奇绝妙的彩陶奇石精品，赏之令人心旷神怡。

五、彩陶石形的鉴赏

彩陶石难于出形，但并非说就没有形的鉴赏。正因为彩陶石难于出形，其有形的彩陶石就更为难得，更具有鉴赏价值。

如一位藏家收藏了一块深潭中的卧底的彩陶石，其石色和石质如彩陶，藏家将其在北京奇石城内展示，皮呈浅黄色，形状变化较大，从右侧看，如栩栩如生的金鱼，从左侧看，又像抽象的海豹。整体线条优美流畅，主体感强，石体上凸凹的流水线，似在向人们讲述岁月的沧桑。这块彩陶石色彩固然打动人，但更吸引人的就是它的形。

还有一位藏家，珍藏的《中国虎首》彩陶石，尺寸为35厘米×20厘米×33厘米，该彩陶石经过红水河亿万年的冲刷，质地坚硬而光滑细腻，天然形成一只石

边的马安村获得的，与此石同时收藏的象形彩陶石珍品还有《东方之舟》《故乡》《金鲤跳龙门》和《北京猿人》，鉴赏这类彩陶石精品的形，令人生发出大自然巧夺天工之感慨。

六、彩陶石画的鉴赏

因彩陶石色彩具有多样性，有青绿、墨黑、棕黄、紫红、乳白等，各具特色，这些丰富的色彩加上纹理，形成了巧夺天工的画面，其画面既有夕阳西下的黄昏景观，也有凌晨日出的无比瑰丽；既有栩栩如生的飞禽走兽，也有鬼斧神工的石境天书；既有彩云山水，又有绿树成荫；既是一幅幅迷人的风暴，也是一首首感人的情诗。

在欣赏、品鉴彩陶石的画面时，鉴赏者既要把握整体性，又要了解局部

▲ 变脸
马安彩陶石　37厘米×70厘米×17厘米　高东升藏

皮呈现斑斓的金黄色之"虎首"形状，是早期质量最好的"金黄釉彩陶石"品种。

在"虎头"上，有一些天然的石纹很像老虎头部的虎毛，而突出的"眼睛""鼻子"，张大的"虎嘴"里露出凶狠的"虎牙"，以及张大"虎嘴"时脸部皱折的"肌肉"，活脱是一只形似虎虎生威、虎视眈眈的"森林之王""百兽之王"的"王者"。"中国虎首"的形象栩栩如生地跃然而出，让人过目不忘。

据说，《中国虎首》彩陶石是1993年3月12日在彩陶石产地合山市红水河

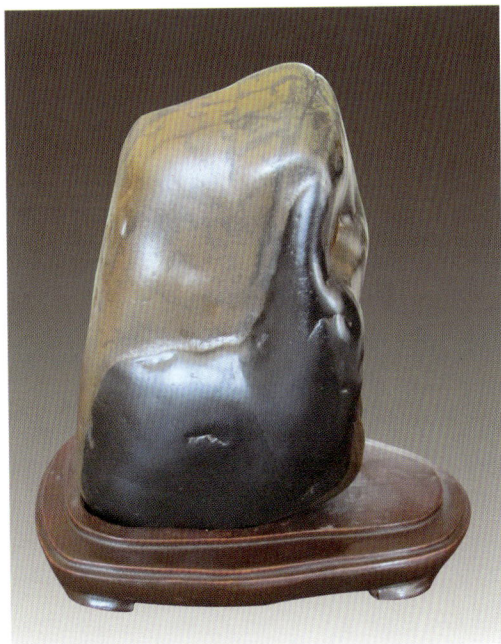

▲ 宝座
马安彩陶石　15厘米×21厘米×10厘米　高东升藏

▲起舞弄清影
马安彩陶石　28厘米×38厘米×16厘米　高东升藏

和整体关系，要从宏观和微观两个层面上去品认它的审美价值和文化内涵，必须达到整体与局部、有限与无限、显态与隐态、动与静、刚与柔、虚与实、主与次、拙与巧、线与面、轻与重、疏与密等综合协调与统一，只有这样，才能从它的多维视角上，找准最佳画面的展示面。

　　彩陶石画面的鉴赏尤其要注重虚与实、黑与白的辩证统一关系。老子说：

"知其雄，守其雌，为天下溪，知其白，守其黑，为天下式。"彩陶石其色彩与形体的连锁交融、互为生发的过程中，能使一种形象和意境转换为另一形象和意境的中介环节，这对全面理解、把握、发现能动的中间环节，对其发现全面内涵和形质、形态意识、意义，具有重要作用。因此，藏家和鉴赏者要把握相对相补、相生相成及能动性、多维性、可塑性的辩证统一，才能由此激发心灵想象力和创造性思维，通过彩陶石画的鉴赏，达到最高愉悦。

七、彩陶石的素陶鉴赏

素陶即单色调的彩陶石。彩陶石的素陶鉴赏体现了单色调的审美意趣。

中国古代的文化是崇尚单色调的，老子的一句"五色使人目盲"，似乎为中国传统文化定下了一个色彩基调，历代文人士大夫在彩色面前望而却步。

从新石器时期开始出现的陶器，至宋代的青瓷，主要是单色调的。

夏商周三代青铜器是单色调的，水墨画、书法是单色调的，纵然被称为彩陶之陶器，实际也只有黑红两色，汉代彩绘陶、漆器也主要为黑红两色。

不少清高的文人士大夫轻视民间艺术，鄙视之语形容为"大红大绿"，也

主要为两种主色调。

唐三彩是中西文化交融的结晶，唐三彩的美学理念属于中国传统文化里的另类，但三彩，主要也是以绿、黄、白为主色调的。

此外，中国书画艺术中，绘画追求形，书法追求体，笔墨在"形体"中追求变化之趣味。从晋唐开始，当中国传统的有专业水准的书画家，或仅是业余水准的书画家，作为赏石主体开始赏玩奇石时，追求奇石的单色调，追求奇石的形态、形状之变化，就自然而然地成了他们赏石理念之追求。

所以，当宋代大书法家米芾总结前人的赏石经验，提出"皱、瘦、漏、透"四字赏石要诀，就成为以后历代文人赏石家们的金科玉律，这种古代的赏石法则，一直风行至今。

其实，米芾提出的"皱、瘦、漏、

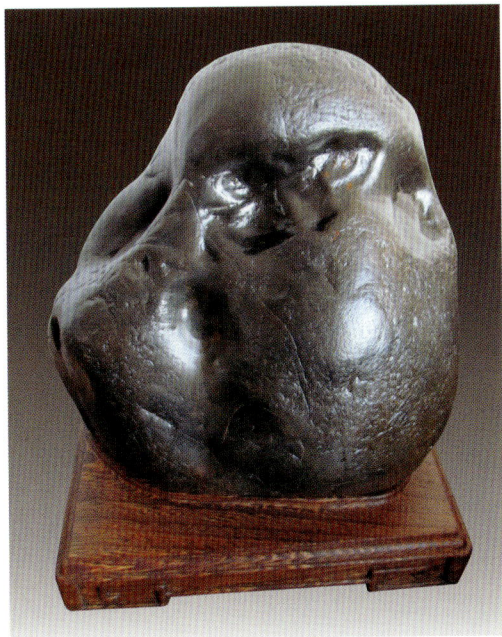

▲憨鸟
马安彩陶石　22厘米×23厘米×16厘米　高东升藏

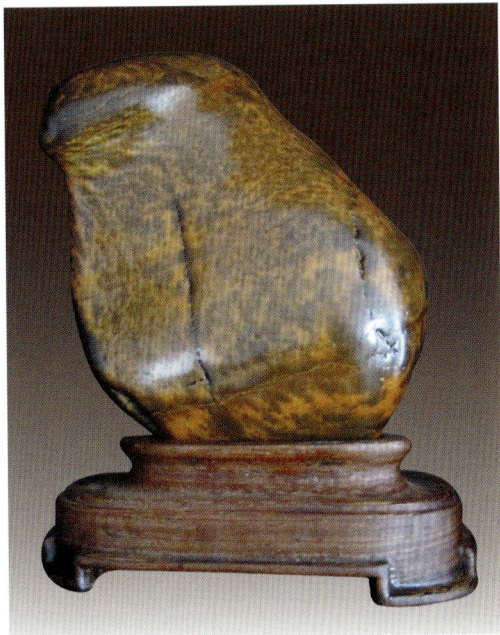

▲痴鸟
马安彩陶石　12厘米×14厘米×6厘米　高东升藏

透"四字赏石要诀，都一个共同特点，就是单色调。皱、瘦、漏、透主要是针对太湖石、灵璧石等古典名石而言的，这些古典名石都是单色调的。

八、彩陶石专题鉴赏

彩陶石的专题通常按其种类划分，彩陶石专题鉴赏就是将彩陶石分类鉴赏，这里首先要有彩陶石的专题分类知识。

彩陶石的分类有多种分类法。

按奇石风格分，彩陶石风格多样化，有清、顽、丑、拙几类。

按奇石特色分，彩陶石可分为以质取胜石、以色取胜石、以景取胜石、以型取胜石。

按奇石的构成形状分，彩陶石主要有单体、复合型、叠层型。

按奇石外观造型分，彩陶石可分为圆雕、浮雕型；画面、纹理型；景观、物象型等多种造型。

按奇石的石皮划分，彩陶石有彩釉和彩陶之分，石肌似瓷器釉面称彩釉石，无釉似陶面者称彩陶石。

彩釉石的表面有一层如同钧瓷般的釉面，细腻晶莹，流光溢彩，视觉和手感都极为温润。彩釉石多见平台、层台形，呈象形、景观等状，不求形异，首重色泽，以翠绿色为贵，现在已近乎绝迹。

彩陶石则无釉面，沉静端庄，光华内敛，具有一种历史的凝重感，仿佛石器时代的古老文明延续。

按奇石色彩分，彩陶石有纯色石、鸳鸯石和多色石之分，纯色石指单色石。鸳鸯石是指双色石。三色以上者又称多彩陶或多色鸳鸯石，鸳鸯石以下部墨黑上部翠绿为贵。

三色者俗称"唐三彩"，特别是绿质黄釉者，更具有唐三彩之神韵。鸳鸯石中的黑彩陶石质细滑，润泽感佳，独具特色。

彩陶石色彩分类多达十多种，主要有绿玉、黑铀、红铀、黄铀、棕铀、鸳鸯石、多彩陶、虎皮陶、珠黑陶、素陶等。彩陶石中尤以绿彩陶最为珍贵。

其中每种分类又可分许多小类，如素陶可分为粗、细、老、嫩等多种。各

▲斯芬克司之谜

马安彩陶石　20厘米×18厘米×13厘米　高东升藏

▲黄帝

马安彩陶石　22厘米×12厘米×14厘米　高东升藏

种色彩的彩陶石形成了丰富多彩的天然观赏石。

九、八大彩陶名品鉴赏

按产地文化人的分类，彩陶石经过多年的发掘和整理，已发掘出十多个品种，被广大玩石者公认和喜爱的有八类石种，它们分别是绿彩陶（也称绿玉石）、黄彩陶（也称黄釉彩陶）、素彩陶、葫芦石、鸳鸯石、包卷纹石（也称包卷石）、扒灰石、草花石。

其中绿彩陶石、黄彩陶石、葫芦石、鸳鸯石、包卷石又被誉为"合山五大名石"。

但在藏石界，藏家又从彩陶石中的名品中选出了八大名石，这八大彩陶名石如下：

1.绿彩陶石

合山五大名石之绿彩陶石，也称绿玉石，通体青绿色，皮质细腻，似上了一层青色彩釉，光彩照人，意为"福、绿、寿"三星高照。该类石观赏主要是诱人的青绿色，对造型不刻意追求，能达到浑圆、稳重、大方即可，如能加上优美的造型，那便是极品了。

2.黄彩陶石

合山黄彩釉石，石皮如古代瓷器的铜黄釉，古色古香，釉光照人，往往自然成型较多。黄色有黄金之意，象征财气、吉祥。

3.素彩陶石

合山素彩陶石，外表平素淡雅，皮质细均，有淡黄、素白之分，朴素大方，成型较少，多以浑圆、玉立、沉稳为主。

4.葫芦石

合山葫芦石，皮质细润，色彩鲜明，观赏上以型、色为主，因形似人们

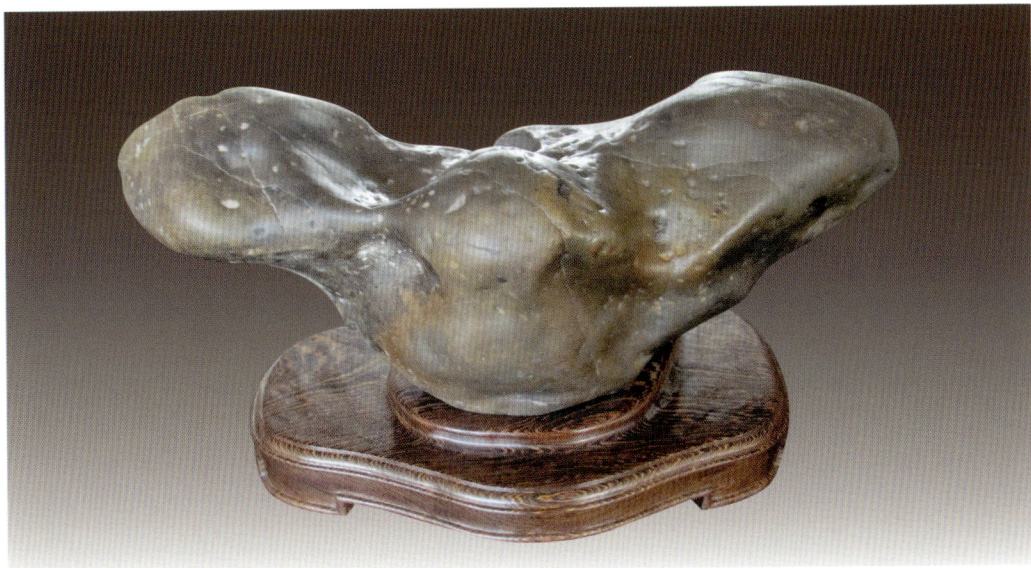

▲ 雄鹰展翅
马安彩陶石　42厘米×15厘米×18厘米　高东升藏

▲雏鸡

马安彩陶石　22厘米×23厘米×13厘米　高东升藏

▲雏鸭初试水

马安彩陶石　12厘米×18厘米×6厘米　高东升藏

种植的葫芦瓜而得名。从色彩上，葫芦石还可分为花葫芦石、金葫芦石和素葫芦石，以花葫芦石和黄葫芦石为上，又以皮色光鲜优美，形成层次多，方圆水冲沟槽深、难度大为极品。

5.鸳鸯石

合山鸳鸯石，为黑色石种与淡青色石或铜黄色石有机结合在一起，通体为细横条纹，黑色石结合于上部或底部。淡青色的为青鸳鸯石，典雅清爽，耐人寻味；铜黄色的为黄鸳鸯石，表皮为古铜色，庄严稳重。鸳鸯石以四周沟槽深、层次多、纹路清、水洗度好为精品。

6.摩尔石

合山摩尔石以变化大、造型巧妙精

美而受到人们的喜爱。该项石类观赏以漏、透、奇和纹路变化为主，鉴赏时品其韵味。

7.包卷纹石

合山包卷纹石，也称包卷石。该石类石纹包卷如团团花瓣卷叠，变化大，石块漏、透、奇，以型好、水洗度够、花卷分明突出为精品。

8.草花石

合山草花石为合山独有而稀少的石种，经河水冲刷自然形成，无半点人为加工。该石类观赏主要以自然形成的草花图案为主，以色彩清新、草纹对比分明、水洗度好、细腻光洁为上品。合山当地珍藏的一方草花石名品以外形似一条热带鱼而得名，曾进京展出。

第四章

彩陶石的收藏投资

近几年来，随着人们物质生活及精神文化需求不断提高，人们向往自然、追求自然美的趋势也就越来越高。奇石已突破过去仅为达官显贵、文人墨客等少数人欣赏和收藏范围，进入市场，进入寻常百姓人家。

对于收藏者，鉴赏的目的是为了更好地收藏，对于收藏投资者，鉴赏的目的是为了成功的投资。那么，收藏者究竟应该怎样通过鉴赏去把握彩陶石艺术品的收藏投资方向？这是人们从事彩陶石艺术品收藏投资时必须首先搞清楚的问题。

一、彩陶石的收藏市场

在奇石收藏市场中，彩陶石是近十年来最火的奇石品种之一。在奇石界，

最初对彩陶石的认识仅限于一个地域石种的概念，即指产于广西柳州合山市马安村红水河十五滩的奇石，因主要产于马安村，又称为马安石，有的写为马鞍石。

彩陶石形、色、质、纹俱佳，色分翠绿、墨黑、橙红、棕黄、灰绿、棕褐等，此外，还有浅蓝色、青灰色、古铜色等，各色均为珍稀石种，因此受到中外藏石家的喜爱，近二十年来，市场价格不断上涨。

1. 资源枯竭导致暴涨

彩陶石产地可供开采的资源变化，直接影响到彩陶石在收藏市场中的命运。奇石收藏出现这一特点，越是资源短缺稀少或即将消失的奇石，越会成为收藏热点。彩陶石产地范围非常小，而

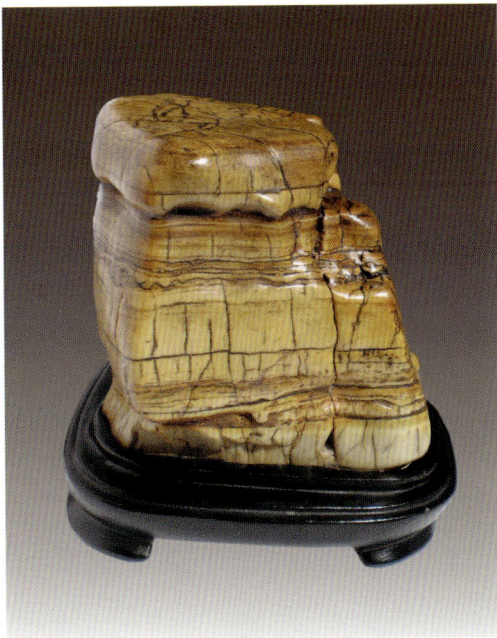

▲遗迹
大化石　22厘米×16厘米×15厘米　关明辉藏

且有季节性开采限制，所以，随着上品彩陶石越来越稀少，其收藏价值越来越高。

近20年来，产自广西红水河的彩陶石价格每年都在上涨，20世纪90年代中叶，数十元就可以买到一块彩陶石，数百元就能买到彩陶佳石。而进入21世纪后，一块普通的彩陶石都要数百元甚至上千元了，到2011年，最初数百元一块的彩陶石，身价已飙升至数千元乃至数万元。

早在几年前，北京平安大街"中华奇石洞"举办京城"首届全国赏石精品展"会上，动辄上万元的不菲开价使平时似乎不起眼的石头让人刮目相看，而沉静的彩陶石更是耀眼，一块来自广西被命名为"梦中情人"的彩陶奇石，开价16万元。

彩陶石收藏市场火起来是有客观原因的。从上世纪末开始，彩陶石就开始在奇石市场初露锋芒。2005年4月，"爱家迎春全国奇石博览会"在北京爱家国际收藏品交流市场举行。来自安徽、广西、青海、山东等20多个省、市的近30个奇石品种受到了收藏爱好者的青睐。其中我国四大名石中的灵璧石、广西柳州的大化石、彩陶石和新疆的风砺石（即沙漠石）构成了市场高价位的主

▲瀑布
彩陶石　19厘米×15厘米　关明辉藏

▲ 无题

马安彩陶石　25厘米×40厘米×22厘米　高东升藏

体，被评为最有价值的赏石品种。

其实，大化石和彩陶石在石质和色彩风格上有类似之处，且都是出自广西红河等水域，柳州、南宁、桂林是红河石的主要集散地，"柳州石玩天下奇"声名鹊起。红河石得益于独具一格的大自然"鬼斧神工"创造的形象美、色彩美，含蓄美，使其身价百倍，为国内外爱石者所争购。

十年前，笔者的朋友、深圳观赏石协会会长王世定就特别钟情彩陶石，每年枯水季节，他就会从都市"失踪"，到彩陶石的产地，到河里淘石头去。

为何要到冬天去彩陶石产地？他

告诉我，因为冬天河水干枯，部分河床暴露，是捡石头的好季节。但也不一定能捡到好石头，好石头都在水下，石农到水下打捞，尽管是枯水季节，但这里有些地方的彩陶石要到水下二三十米才能打捞上来，一船石头打捞到河滩上和岸边，他和一群群彩陶石收藏家和石商便会一拥而上，去选取、抢购彩陶石。

记得香港回归前后，深圳罗湖商业城开办了一个奇石展销市场，笔者就是在这个市场初次接触彩陶石，从广西来的石商处购买了数块彩陶石，当时刚刚发现彩陶石没几年，每块价格一般在几

▲狼人

马安彩陶石　85厘米×80厘米×22厘米　高东升藏

百元。后来，随着河床表层基本被开采一空，资源枯竭导致彩陶石价格飞速上扬，相同品质的彩陶石价格已经飙升至几千、上万元。

就是在这样的背景下，红河彩陶石的资源渐渐枯竭，现已成为珍稀的收藏石种。中央电视台的国家地理栏目曾对彩陶石的投资价值做过专门的报道，称目前一块品相完好的彩陶石，已从1997年的几万元上扬到现在的十几万元，甚至更高，而一些精品彩陶石，只能在大型的奇石博物馆才能看到。

早在2006年1月9日，新华网就有报道，在南京清凉山一家奇石专卖店里，有一块鱼形彩陶石，这块名为"年年有余"的鱼形彩陶石长1.13米，高1.03米，标价竟已达80万元。

奇石收藏家景长海收藏有一块彩陶石，产自广西红水河。他说："当时我买这块石头的时候，是十年前，大约在1万多元钱左右，现在十年后呢，这块石头增值到已经有20多万元，但这个价钱也不太好买，因为这种石头的颜色、质、皮都是一流上等的。"

2008年10月8日，在合山市政府藏石馆，一块精美的彩陶绿玉石，被赏石专家开价到了210万元，而价值数万元、数十万元的本地产彩陶石，该馆共有200多块。当日，在合山市举行的第二届奇石节开幕式上，该市凭借其独特的彩陶石优势，被中国观赏石协会命名为中国观赏石之乡。

2.彩陶石市场的背景

彩陶石市场价不断上涨的背景是全国奇石收藏市场的火暴。

近20年来，随着人们藏石、赏石、玩石的雅趣悄然流行，收藏市场出现一股"奇石收藏热"。石头虽不能言语，但人们的生活常常离不开石头。俗话说：居无石不安，厅无石不华、斋无石不雅，园无石不秀，是有一定道理的，特别是随着人们生活水平的提高，有的家庭装修就爱用奇石来装饰，以彰显品位。

近些年，随着收藏投资热的不断升温，奇石市场也初步形成。柳州、广州、临朐、南京、武汉、上海等已成为

▲伤痕

马安彩陶石　20厘米×30厘米×20厘米　　高东升藏

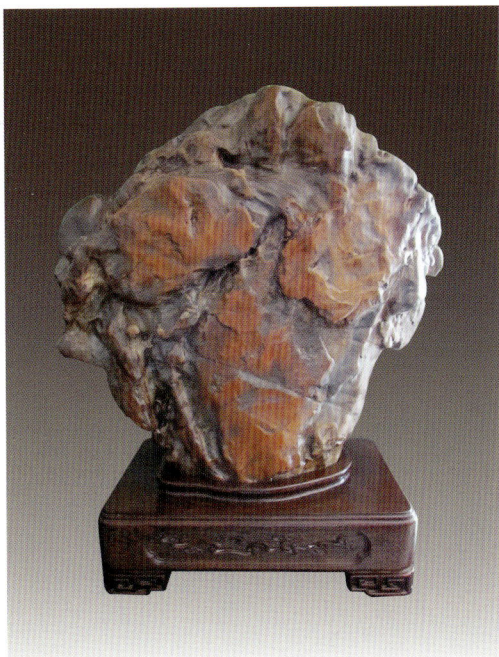

▲热带鱼
马安彩陶石　92厘米×93厘米×30厘米　高东升藏

▲阳刚之气
马安彩陶石　20厘米×15厘米×7厘米　高东升藏

全国奇石的主要购销地。在山东临朐，奇石经营商多达几千家，每天成交奇石几十吨。尽管总体上看，奇石没有古董、书画等火暴，但市场人气、石头价格逐年提升，被越来越多的有眼光投资者看好。从全国奇石收藏市场的涨幅来看，精品奇石十年涨了十倍。

据笔者观察估计，目前全国奇石收藏爱好者已经超过500万人，根据有关报道，每年的奇石成交额都突破了20亿元人民币。

据广西《石道》报道，早在2002年，在广西大化县岩滩镇，大化彩玉"红河魂"以68万元成交。

《石道》还报道，2003年"非典"期间，大化彩玉"盘古"以228万元出手，购藏者高津龙先生将其命名为"烛龙"，这是截至2004年年底国内单块奇石成交的最高纪录。

俗话说"奇石无价"，然而在奇石市场上，奇石不但有价，而且有的甚至标出了"天价"。例如，在2004年的一次"中华奇石珍品鉴赏评估会"上，有一块奇石被估价到上千万元人民币。

从媒体报道中，经常可以看到收藏奇石的奇迹：杭州的一位市民，经常去吴山花鸟城"淘石"，花了10元钱淘得一块形似鸭嘴兽的内蒙古玛瑙石，一年后，有人出价1200元买走。一年时间增值120倍，这位淘宝者说，收藏奇石不仅给他带来了淘宝、欣赏的乐趣，还带来了投资回报的喜悦。

吴山花鸟城的奇石价格虽然上百万元的较少，但因奇石价格起点低，涨幅还是惊人的。一位摊主说，四年前他在岳王路市场时，卖出了一块可用来当"茶桌"的广西红河大花彩玉石，当时价格3万元已算高了，现在这块石头15万元都买不下来，足足涨了4倍。而说起10年前的奇石行情与现在比，只要质、形、色、纹等够得上奇石之意，大多涨了10倍。

奇石经营者普遍认为"好石头一定会涨"。奇石产地不同，使奇石收藏具有明显的地域特色，几乎每个产区的奇石都有收藏价值，市场涨幅较大的奇石主要有产于广西的红河石、彩陶石，产于云南的大理石、云石，产自山东的崂山绿石、博山文石，产于湖北的菊花石，产于湖南的武陵石，产于河南的南阳石、牡丹石，产自安徽的灵璧石，产于甘肃的昆仑石，产于青海的玉带石，产于贵州的富贵石，产于内蒙古的玛瑙石，产于北京的轩辕石、燕山石，产于广东的英德石，产于江苏的昆山石、太湖石，等等。

传统的奇石收藏热点走势一直较为平稳。目前市场上攀升较快、受关注的石种主要有：产于内蒙古的葡萄玛瑙石，其市场价格一直居高不下；崂山绿石和大化石也是奇石市场上价格攀升最快的石种之一。

此外，比较受关注的还有新疆的风励石、青海的黄河石、贵州的红石和柳州三江的彩卵石等，都保持了较大的上扬势头，仍有一定的升值空间。

同时，一些新近发现的奇石收藏热点层出不穷。如柳州三江彩卵石、广西马鞍石、山东崂山绿石、青海黄河源石、贵州红石等，价格都保持较大的上扬势头。

奇石收藏市场的火暴，主要体现在

▲ 兔子

马安彩陶石　12厘米×20厘米×32厘米　高东升藏

▲ 长河落日龙抬头
马安彩陶石　42厘米×32厘米×22厘米　高东升藏

一些新的奇石品种爆发性上涨，这些年爆发性上涨的奇石品种有彩陶石、大化石、葡萄玛瑙石、龙陵石等，近几年的市场行情不是每年50%的升幅，也不是1倍的升幅，而是几倍的增长。特别是产于广西的彩陶石，由于资源少，不断上涨，市价一直保持较高水平。

彩陶石的市场价格暴涨，首先是台湾收藏家发掘出来的。20世纪90年代早中期开始，随着广西红水河里的彩陶石的出现，吸引了一批批来自中国台湾的赏石家。台湾赏石家的经济相对富裕，且受到20世纪六、七十年代日本风行玩水石的影响，他们一见到色彩缤纷的彩陶石就情有独钟，以商业目的批发彩陶石、炒作彩陶石，故早期出水最精彩的彩陶石，大都流入台湾奇石市场。

进入21世纪后，大陆经济腾飞，台湾经济止步不前，早期出水的精品彩陶石又开始回流。彩陶石价格每年几倍的增长令人咋舌。

国内奇石的市场行情和传统奇石收藏热点，成为近年来被收藏界看做是大有可为的艺术品投资亮点，藏石界经常听到一些财富神话。如北京某奇石馆曾花800万元买来全国各地有代表性的石

▲澄泥砚

马安彩陶石 20厘米×30厘米×20厘米 高东升藏

种，几年之后就升值了四倍以上。青海一石友在七八年前以1600元收藏的一方黄河石，现在的身价竟然达到了上千万元等等。

由于彩陶石面市后就受到人们的热烈追捧，青睐有加，以至目前浅水区已无石可采；而深水采集则10年前由原本采集深度10～20米到现在40～50米，可见要采集到一方精品极端困难。当然，市场价值也不断攀升，要觅到一方彩陶美石，真可谓价高难寻。

不论是何种奇石，都与资源的存量有关，涨价是因为这种石头已经快没有了，资源已经都快给采掘完了，或者是当地政府封山了。可见，彩陶石等在奇石市场升值是必然的，而且依然潜力很大。

3.彩陶石收藏也有风险

笔者说彩陶石升值是必然的和潜力很大，是从宏观的总体趋势分析得出的结论。但世界万事万物都有规律，都应辩证看待，没有只跌不涨的市场，也没有只涨不跌的市场，暴涨就预示着下跌。如今，面对已经上涨10多年的彩陶石收藏市场，笔者要提醒的是风险意识，特别是对于初学者，如果只是为了升值盲目入市，就预示着风险。

事实上，这种狂涨后的衰竭之兆，在三年前就已初露端倪。2008年开始，深圳古玩城奇石市场、南宁唐山路古玩市场、南宁邕州老街奇石盆景市场、柳州奇石城、柳州赏石市场等彩陶石的主要交易市场，已经失去了此前的热闹红火，不少石馆的生意清淡，有些石馆竟

▲ 无字碑

马安彩陶石　105厘米×75厘米×22厘米　高东升藏

然半年都没有开张。

可见，市场已有下滑的感觉，虽然价格并没有下滑，但成交量有所萎缩。石农地摊销售价格相对较低，成交量还略大些，主营高档商品石的石馆，成交状况普遍不太乐观。

处于调整阶段的市场，未来的发展是将逐步走向"精品路线"。彩陶石收藏到了一定阶段，无论是市场，还是藏家，都发生了分化。如彩陶石收藏市场晴雨表的柳州，交易更集中在一些"大户"手中，他们手中握有更好的石头，很多精品的成交一笔就是几十万，一口气吃进一两百万也不新鲜。

随着懂石头的人越来越多，大家眼界越来越高，玩得越来越精。而密集的大规模开采，又使得资源逐渐出现匮乏，真正高品位的精品石越来越少，价格仍在上扬。部分精品石市场炒作过高，早

▲ 叠翠

马安彩陶石　82厘米×40厘米×31厘米　高东升藏

▲秋山夕照

马安彩陶石　32厘米×23厘米×15厘米　高东升藏

▲刚柔相济

马安彩陶石　62厘米×40厘米×30厘米　高东升藏

▲冰花

马安彩陶石　47厘米×26厘米×18厘米　高东升藏

▲腊肉

马安彩陶石　30厘米×103厘米×40厘米　高东升藏

期进入的藏家，已经基本"吃饱"，新进来的石商和藏家很多持观望态度，因而市场难以持续掀起新的波澜。

彩陶石收藏市场遭遇"瓶颈"，高端精品石价格坚挺，但是流动不起来，曲高和寡。一般的商品石，作为礼品、家庭摆设等，很受欢迎，但收藏、投资价值相对较低，升值空间较小。在这种情况下，初学者无论收藏投资高端石，还是商品石，都有一定风险。因为初学者经验不足，没有辨别高端石的眼力，容易被卖家忽悠，将普通石以高价石的价格购买。

同时，辩证地看，彩陶石市场调整对于富有经验的收藏家，又出现了机会。随着彩陶石资源逐渐枯竭，其精品的市场价值还会继续稳步上升，尤其是高端品种仍有升值空间，所以彩陶石收藏，应结合自身审美趣味和经济实力，尽量选择精品石。有眼力、胆识、魄力的话，在有一定风险承受力的情况下，在市场调整的时候介入，也是一个较好的进入时机。

二、彩陶石的采捞

彩陶石的采集分浅水、深水采集。合山马安采石的都是当地农民，自从彩陶石名扬四海后，人们就对这些神秘的石农充满了好奇：原本种植甘蔗的农民为何购买专业潜水设备？冒着生命的危险潜入湍急的红水河，他们打捞出来的究竟是什么神奇的石头？以至让人不惜一掷千金。一位石商如何在打捞上来的石头中挑选出珍品？红水河畔怎样上演风险与财富相伴的故事？一

▲寿星拜玉皇
马安彩陶石　35厘米×28厘米×15厘米　高东升藏

▲唐老鸭

马安彩陶石　30厘米×30厘米×13厘米　高东升藏

些记者和收藏爱好者纷纷到当地一探究竟。

彩陶石产地马安村以前村民都是靠种地为生，生活很拮据，自从发现河里石头能换钱后，村民们就很少种地，有的成了专门从事打捞石头的水手，有的靠贩卖石头为生。河床上捡石头的队伍越来越多，最多的时候有几百人的采石队伍下河、甚至下潜到水深40米以下的地方捞石。

每年冬季进入枯水季节后，水位低，水流缓，是村民下水捞石的旺季，每天到马安码头附近河段采石的水手不下100人，河面上停满了采石船，场面十分热闹。

在马安码头，每天都能见到几艘打捞石头的专业船停泊在岸边，一位记者在采访的那天发现，并没有传说中的热闹场面。

记者看到，河边几名采石工正在搬运几天前打捞上来的石头，他们告诉记者，就在前两天，马安村里有一位24岁的水手从水里浮上来时，恰好有船只经过，撞上船底飞转的螺旋桨，身体几乎被切断，当场死亡。因为心存余悸，这几天捞石的水手明显地少了。

打捞船上晾晒着红色的潜水衣，船舱里胡乱地摆放着氧气瓶、供氧机、输氧管、抽沙机、缆绳等工具。打捞船及工具一般都是村里的老板购买的，水手只是负责采石，收入和老板对半分成。水手一般每天都能捞些石头上来，运气好的，一天的收入就有好几千元。

虽然村里出了死亡事件，但高利润还是会吸引水手继续进行打捞。

记者描写到："就在向一些水手了解打捞程序的时候，河面上驶来两艘小船，船舱里堆放着一些奇形怪状的石头，船头里一块更大的石头用缆绳绑着吊在水里。一位40多岁的水手告诉记者，系在船头的这块石头属于彩陶石，大概可以卖个两万元的价格。

三四个采石工在水下捞了5天才捞上来十多块石头，最后能够上市标价销售的只有一半。而以前石头多时，只要能捞上来，就能卖。

彩陶石只出产于合山市马安村红水河十五滩，大概只有一千米的河段，现在河里的石头少了，打捞难度更大。所以村里捞石头的人越来越少，因为下河捞石头的危险性太大。有些人因潜得太深水压太大，鼻出血而死；有些人因被断石压着，不是残疾就是溺水而亡。

马安村因采石出的事故在红水河一带还算少了，在上游大化，从20世纪90年代初开始，据说打捞大化石的至少有

▲曲水流觞

马安彩陶石　29厘米×19厘米×16厘米　高东升藏

▲守望

马安彩陶石　30厘米×30厘米×13厘米　高东升藏

▲上圆下方

马安彩陶石　28厘米×46厘米×24厘米　高东升藏

100名采石工葬身河底。

深水采石危险重重，但一块好石头的收入抵得上干一辈子农活，石农水手是在拿命博。"

三、彩陶石成为聚宝盆

旧时家家户户过年都要贴聚宝盆、发财树一类的年画，但在彩陶石产地马安村，则不用贴这类祈财年画，却获得了真正聚宝盆、发财树。

彩陶石就是马安村的"聚宝盆"和"发财树"。20世纪90年代以前，玩石的风尚以赏玩具象石为主，石头的造型讲究写实，必须要与物体相似。所以，彩陶石刚被推出来的时候，人们对这种仅仅具有晶莹光滑的石皮、外形却较为单一的石头，并不特别看好。

后来，台湾石商大量收购，才拉高了彩陶石的价格。由于产地狭小，出产量很少，很多人都是在资源枯竭以后，才真正认识到了彩陶石的价值。因此，也曾经出现过石商卖出彩陶石后，又费尽周折地找到买主，愿意出十倍价格回购的事情。自此以后，奇货可居的彩陶石，价格一路高涨，成为备受藏家追捧的珍贵石种。

表层光滑细腻、色彩丰富、质地细密的马安石每年都吸引不少我国港、澳、台地区及日本、新加坡、马来西亚、韩国、泰国等海内外石商来这里赏石、购石和采石，从而在合山市里如雨后春笋般催生了多个奇石馆。

有藏家为寻访彩陶石，走进合山市

▲天子山
马安彩陶石　80厘米×40厘米×30厘米　高东升藏

▲无题
马安彩陶石　33厘米×45厘米×15厘米　高东升藏

▲巨蟒绕山
马安彩陶石　23厘米×26厘米×16厘米　高东升藏

一家名叫"天成奇石馆"的石馆中，记者看见一块呈水浪雕刻痕的石头，而其顶部却如尺子般平直，直线足有3.1米长，巧夺天工的天然造型，令人称奇。

天成奇石馆是一家私人石馆，韦馆长介绍，其中的一块摩尔石，上面石面平直，下面变化多端，整体就像一条龙船，是富贵的象征，所以标价100万元。

一块形状酷似雄鹰的彩陶石配上木雕岩石形底座，形神逼真，让人叹为观止。韦馆长说马安奇石以形象美、色彩美、含蓄美而极具艺术价值和收藏价值，他馆里收藏有200多块石头，价值估计上千万，一块名为《大漠雄姿》的彩陶石，已经有人出价300万元。

由于石头也能卖出高价，对于人均年收入才千元的农民来说，河里的每块石头都有强烈的吸引力。走进马安村，可以看到家家户户门前都堆放着一些颜色不一、形状各异的石头，随便透过一

▲天眼
马安彩陶石　19厘米×22厘米×11厘米　高东升藏

料房里也堆放着一些石头。在蒙庆勇家的卧室里，整齐地摆着一些修饰过的石头，其中有两块绿色石头较为显眼，蒙庆勇告诉记者，这就是当地特有的绿玉石，虽然已经有商家出了20万元的价钱，但看着现在河里的石头捞一块少一块，所以想等上一两年再出手，到时候或许更值钱。

　　蒙庆勇家客厅里最显眼的是一块呈啄木鸟状的石头，立在木雕的树干上，栩栩如生，蒙庆勇说这块想卖10多万元，已经有人相中，但只出到8万元，没舍得卖，还在等能出得起更高价的买主。

　　当时村里最贵的一块石头是村民蒙志刚卖掉的，卖了25万元。蒙志刚家的客厅干净的地板上，摆放着很多打了蜡装了底座的石头，相比其他村民的"小打小闹"，蒙志刚就显得比较专业化了。

　　似乎应了"富贵天注定"这一古

户人家的窗户都可以看到卧室或衣柜上摆满了石头。

　　一位记者曾采访村民蒙庆勇，在他家的大院子里，天井里凌乱地摆放着没经过修饰的石头，就连卫生间边和草

▲撑竿跳
马安彩陶石　25厘米×18厘米×13厘米　高东升藏

谚，长期贫穷的马安村，因为有了天赋彩陶，一夜之间拥有了聚宝盆，雨后春笋般冒出了无数富翁。

四、彩陶石的收藏技巧

我们所说的彩陶石，不是所有的彩陶石都在这一概念范畴内，而是专指具有审美价值和收藏价值的彩陶奇石。

一枚自然天成的彩陶石，蕴含着大自然鬼斧神工的神奇魅力。彩陶石自然形成的千奇百怪、千姿百态、光怪陆离、五彩斑斓的图画和造型，除了直接带给人类以美的享受和满足人类的科研需求，还由于它的天然性、稀有性、唯一性，随着追逐者日盛，它的经济价值也在逐日攀升。因此，彩陶石成为不少精明的投资者的聚焦点。

对于收藏爱好者，能够得到一块称心如意的彩陶石，可谓其乐无穷。但如何才能收藏到称心如意的的彩陶石？需要有鉴赏的眼光。彩陶石的选购，可谓一门大学问，要想获得满意的彩陶石，一定要对所选购的彩陶石认真揣摩。和

▲爱丽斯梦游仙境
马安彩陶石　13厘米×18厘米×7厘米　高东升藏

收藏其他艺术品一样，彩陶石的收藏是有技巧和诀窍的，主要应注意以下几个因素：

1.观察稀有性

彩陶石的收藏唯有稀有、罕见、难求者，才能价值超群。彩陶石产地或可供开采的资源变化，直接影响到彩陶石在收藏市场中的命运。越是资源短缺稀少甚至消失的奇石，越会成为收藏热点。尽管彩陶石产地范围较大，但彩陶石中的各个石种的产出范围并不大，有些产出范围非常小，而且有季节性开采限制，随着资源越来越稀少，其收藏价值将会越来越突出。

比较其他宝石和奇石的稀有性与市场价值变化的情况，可以发现，我国的黑钨矿曾一度价格坚挺，但自葡萄牙等国发现大量钨矿晶体后，价格出现回落。物以稀为贵，只有稀少的品种和罕见的造型，才有更高的收藏价值。

具有稀有性的彩陶石，就具有珍奇性。稀有性的彩陶石具有特殊的审美价值、研究价值与经济价值。

对稀有彩陶石的追求，其实是对精品的追求。家有万石，不如一精，这是成功的藏石家的藏石标准。

普通之石，遍地皆是，然得一精品，一生足矣！一块稀有的精品彩陶石，观之令人心旌荡漾，思绪悠悠，若聚三五个朋友，把酒细读，一道长短，足以畅叙情怀，流露思想，不失为人生一大乐趣。

2.观察审美性

一块美好的奇石，首先应引起收藏者视觉上的好感，使人有一见钟情的悦目感。观察审美性主要是鉴赏彩陶石

▲瓦当

马安彩陶石　12厘米×31厘米×8厘米　高东升藏

▲元阳

马安彩陶石　14厘米×31厘米×8厘米　高东升藏

▲仙人洞
马安彩陶石　11厘米×9厘米×6厘米　高东升藏

的造型、色泽、纹理、大小等，品其瘦漏透皱之秀、五彩缤纷之色、变幻无穷之文、大小雄奇之体、点线面之协调，通过观察审美性，发现该石的美感在哪里，掌握奇石的主要特征。

观察彩陶石审美性，主要应从形、色、质、纹、韵这几个方面入手，这也是目前赏石界普遍认同的水冲石的审美原则。观察彩陶石审美性主要应从这五方面考虑：形要奇，鬼斧神工，千姿百态；色要丽，或丰富多彩或深沉凝重；质要优，坚实耐藏，石肤润泽；图纹丰富，纹理自然流畅，富有美感；韵味十足，主题鲜明，内涵丰富。

命题、摆设、配座对于彩陶石审美性也很重要，需要用心体会、用心发现。底座的高矮、大小、形状都很有讲究，有时候搭配不合适，反而使之减色。摆设恰当、命题巧妙，也能够更好地凸显奇石的优点。

柳州的一位收藏家举了一个例子，有一块图纹石，竖着陈列时，画面是月亮、树枝和花，精美但缺乏动感，改为横着陈列，便成了斜枝，画面有了微风拂过的感觉，起名《风花雪月》，比原先的摆设就要高出一筹。

初学者观察审美性可以从几个步骤入手。

首先要看彩陶石的总貌，就是要看总体感觉如何，有无缺陷。

其次看彩陶石的造型，上下、左右四面都要全看到，观察是图画石，还是山景石，或是象形石。

再次是看纹理。要仔细查看彩陶石的图案，不求石纹多而密，只要繁而不乱，少而不枯，富有动感、哲理和神韵，能给人以启迪，就是好的彩陶石。

四看色彩。看看彩陶石的颜色是否明晰、艳丽、和谐，色差、浓淡是否考究。

3.观察独特性

所谓独特性就是地方特色。作为观赏石，应具有鲜明的地方特色，才能被市场认可。彩陶石广受欢迎的重要原因，是它们具有浓郁的区域特性。在色彩、形态、质地、纹理、图案、内部特征等方面妙趣横生的彩陶奇石，最具增值潜力。

观察独特性需要采用心鉴的方法，心鉴是奇石鉴赏的最高境界和最终归宿。所谓"形象三分，心象七分"就是这个道理。心鉴时，往往见石非石，忘记自我，以自己的审美观念，通过联想、想象而达到主客体之统一，感悟人生哲理，形成对奇石的独到认识。

▲玉兔

马安彩陶石　12厘米×10厘米×6厘米　高东升藏

4.观察天然性

天然性要求观察彩陶石是否是天然形成，是否是保持原始的产出形态。尽管彩陶石经过人工打磨后才能显出图案的美丽，但只能打磨，不能有过多人为的雕刻，更不能移花接木。

观察天然性还可以通过手鉴来实现，审视一块彩陶石，可以拿在手上欣赏。彩陶石与灵璧石的重要区别，就是彩陶石可以被珍爱者反复长久的摩挲，通过摩挲触感，石之湿润枯涩、粗糙致密、坚硬脆碎、石体轻重等石质特点便可摸清，同时也可以发现是否天然，找到作伪的破绽。

5.观察商品性

彩陶石作为一种特殊的矿产资源，可以间接或直接产生出一定的经济效益，在具有较高的艺术性的同时，还具有一般商品所应有的特性。

收藏投资彩陶奇石，要考虑商品性，懂得利用价格空间，低买高卖；遇上好石头，一定要有耐心，要放着再放着，千万不要以为自己已赚一笔而轻率卖出，到头来，十有八九要后悔。

6.观察科学性

彩陶石包含一定的科学知识，反映出彩陶石地质演变各个阶段的过程，特别是彩陶化石，具有比较重要的研究和参考价值，科学性越高的彩陶石，其收藏投资价值就越高。

科学性还包括彩陶石的质地。主要是从石头的表层、石肤来看石头的硬度、密度与细腻、光洁的程度。

千两黄金易得，一枚彩陶奇石难

▲老兔
马安彩陶石　19厘米×16厘米×7厘米　高东升藏

求。集科研价值、艺术观赏价值、经济价值与收藏价值于一身之彩陶奇石，正吸引着海内外万千有识之士的爱慕与狂热追求。由于奇石优劣的复杂性以及投资价值难有统一标准，对于初入门者最好不要轻易花大钱购买奇石，可先花些小钱，从奇石的鉴赏入手，再逐步买入有升值空间的石头。

五、如何将彩陶石卖出去

如果说上面讲述的是彩陶石的收藏方法和知识，那么此部分研究的则是彩陶石的投资知识和投资方法。

收藏彩陶石是为了长期拥有，但作为收藏投资就不同，还要在适当的时候以适当的价格将石头卖出去，以实现投资增值。

有人认为卖石头很简单，双方只要是一个愿打，一个愿挨，这笔买卖就算成功了。其实，卖石头也要讲究方式方法。讲得好，双方心满意足，或许还能交一个朋友，赢得友谊，甚至可能会成为长期的买主。

用怎样的方法卖彩陶石才能实现双赢的目的呢？有如下方法和技巧：

1.尽量先让对方出价

通常都是卖家报价，但作为收藏品的彩陶石是无价的，有时侯，尽量先让对方出价，或许会有超乎寻常的惊喜。

比如，有个外国科学家为科研急

▲蹲守

马安彩陶石　21厘米×10厘米×19厘米　高东升藏

▲无题

马安彩陶石　15厘米×15厘米×7厘米　高东升藏

需三万美金，只好转让一门专利技术换得所需资金。商人问他此项技术值多少钱？他低着头沉默不语，僵持了很久，商人沉不住气了，试探地说，十万美金怎么样？科学家出乎意料，因为他理想的价位只是三万美金，结果，双方立即一锤定音。

面对买主的时候要观察，当他的眼神流露出对此彩陶石的喜爱之情的时候，当对方问到价钱的时候，不必心急，要沉得住气，让对方摸不透你的心思，也许他稍不留神，报出一个让你意想不到的价格也有可能。

沉默寡言，以静制动，对方可能就沉不住气了。你可从中判断出买主的真实意图，让有利因素朝你想象的方向发展，买卖的天平就会向你倾斜。

2.报价要适当

当买主看上了你某一块石头时，他会问你值多少钱？你可以根据石头质地的好与差，优与劣，直截了当地估一个认为双方都能接受的价格，让对方去考虑，这就是报价要适当。

价钱估得稍微高些也没关系，而价格估低了，则会后悔当初的草率决定。价格高估就有讨价还价的余地，通过双方协商，从中找到一个合理的、双方都满意的价格。

双方都满意的价格是石友之间的友谊，买主往往会成为回头客。

3.灵活机动不墨守成规

和买主交易彩陶石时，头脑切不可僵化呆板，要灵活机动，不墨守成规，充分了解和分析买主的性格、情趣、爱好，从中找出一个切实可行，行之有效的方法，让双方的兴趣和谐共振，让买卖双方的价格渐渐接近。

4.精品报价可高一些

好的彩陶石虽然不愁卖，但要找到有实力的买主，卖个好价钱也是很不容易的。真正的精品彩陶石，往往很多收藏家和买家会很感兴趣，就不妨把价格喊高些，造成虚张声势之状，再回头察言观色，看买主的眼神和脸面的变化行事。

如果买家觉得高了，要么就此作罢，要么就会还价钱，主动权始终掌握在卖家的手中。

卖彩陶石时，也不要太过于坚持自己的价格，一旦让买方失去信心，你价格哪怕一降再降，他也许不会再问津了。

5.讨价还价僵持时要转换焦点

为彩陶石讨价还价僵持时要善于转换焦点，在双方交易过程中，有时为一块彩陶石的价格而讨价还价，甚至会争论不休，这是很正常的。卖家想尽可能卖出个更高的价钱，买主则竭力把价格一压再压。当你遇到这种艰难的买卖时，千万要压住内心的火气，要转换兴奋点，始终保持微笑，还可请对方坐下来喝茶或欣赏音乐，调节一下紧张的气氛，谈些共同感兴趣的题外话。

当浓烈的火药味消失后，再来心平气和地谈彩陶石的价格，双方就会冷静地思考，以至于不再坚持先前的争执，从中找出双方都能接受的价格。

6.保持耐心尽最大努力

卖彩陶石不可能一次就轻易成功，

▲无题

马安彩陶石　11厘米×18厘米×8厘米　高东升藏

▲飞泉流瀑

马安彩陶石　16厘米×19厘米×10厘米　高东升藏

▲明月照我心

马安彩陶石　17厘米×14厘米×7厘米　高东升藏

作为卖家，要有耐心，有一分希望，就要尽十分的努力，哪怕是到了最后不尽如人意的关头，也不轻言放弃。

7.买家离开时可作适度的让步

即使彩陶石交易不成，也要以诚相待，当买家离开时，不妨可作些必要的适度让步，把价格适当减少一些，或许买家会回心转意，继而重新去认识此彩陶石，或许会使原本无望的买卖变成皆大欢喜。

对于新手，卖彩陶石应在实践中摸索经验，总结教训，卖石之路会越拓越宽。

六、彩陶石收藏要当心赝品

虽然相对其他收藏门类，红水河奇石的作假比较难，也较易辨别，但目前市面上仍有不少赝品。

彩陶石是20世纪90年代初发现和开采的石种。2000年，广西红水河的彩陶石每块价格仅为几百元，目前身价已飙升至数千元到数万元，乃至数十万元。

全国各地赏石精品展会上，动辄上万元的彩陶石，使平时似乎不起眼的石头让人刮目相看。奇石由于自然天成，每一件都称得上孤品、绝品，因此其中

▲古壶

马安彩陶石　13厘米×11厘米×10厘米　高东升藏

▲月宫桂树

马安彩陶石　高东升藏

▲负主逃生
马安彩陶石　高东升藏

▲绝壁
马安彩陶石　高东升藏

的上品具有很高的投资收藏价值。

虽然如何判定奇石本身优劣和收藏投资价值还没有明确的标准，但无论是石商还是收藏者，他们心中都有一个基本的价值观，那就是奇石贵在天成。

由于彩陶石这一石种的资源已经枯竭，近几年来，随着奇石收藏逐渐形成气候，随着价位的升高，市场上也开始出现了赝品，市场上造假的彩陶石比较多。

收藏投资彩陶石也要防止假货，市场已开始出现经过染色、填充、局部处理、拼接和粘贴的假冒奇石，甚至用其他石冒充彩陶石。

收藏鉴赏者不仅要了解彩陶石，对于各地奇石也都要熟悉其特点，特别奇巧的石头要特别当心，仔细观察，用手细摸，闻闻有没有怪味，有可能的话用水泡洗检验。

彩陶石贵在自然天成，稍微改动一点，价值都会大打折扣。彩陶石作假主要通过打磨、喷砂、上色、拼接等手段，甄别时应重点观察石皮、包浆等方面。目前奇石造假采用硫酸腐蚀、雕刻研磨、填充、染色等手段。因此，要从"形、质、色、纹、韵"等方面入手，熟悉彩陶石的特点，对于奇巧漂亮的彩陶石要特别当心。

普通彩陶石造假成为高档彩陶石，一般常见的手法是打磨。这种打磨后的彩陶石，仔细看很容易辨别出来。彩陶石由于是水冲后形成的，因此它的水洗度很强，表面光滑细腻，各种矿物组成的颜色鲜亮。打磨后的彩陶石表面没有质感，看上去不自然。新手入行最好多向行家请教，多看、多问、多学，锻炼眼力，积累经验，谨慎进入。

七、最高的回报是只藏不卖

彩陶石市场价格不断上涨，最后给人形成的印象是，无论卖了多高的价，卖石的人都会后悔。所以好石头应只藏不卖，回报最高的投资是只藏不卖。

广西的奇石收藏家蒙驷曾收藏到一块精品彩陶石"国宝献瑞"，他常常讲述他的玩石故事，多次讲到到他收藏的这块彩陶石"国宝献瑞"。

蒙驷说：彩陶石不求形异，首重色泽，以翠绿色为贵。这块"国宝献瑞"，是由两种颜色的彩陶石镶嵌组成，一个熊猫形状的黑色彩陶石怀抱一块翠绿色的元宝形的彩陶，造型惟妙惟肖，十分难得。

蒙驷收藏这块彩陶石有一个独特的经历。1996年，他在马安村一个农民家看到这块石头，村民戏称"熊猫抱西瓜"，已有一个村民出价1500元。蒙驷对它一见钟情，虽然当时他一个月收入只有200元，但还是四处借钱，凑得1900元购得这块石头。

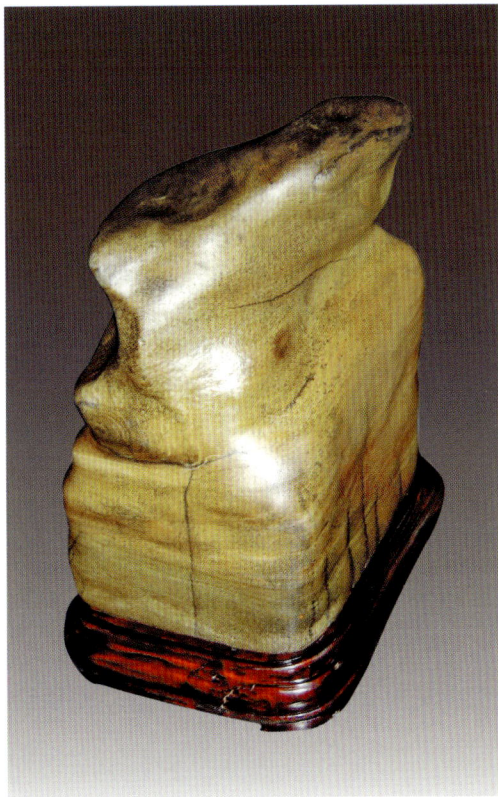

▲金蟾钮印玺
彩陶石　高31厘米　刘青年藏

▲ 元阳极品
广西水冲石　23厘米×6厘米×7厘米　全建淮藏

▲ 龙走天下
广西水冲石　6.5厘米×6厘米×2厘米　全建淮藏

▲ 龙走天下（▲背面）
广西水冲石　6.5厘米×6厘米×2厘米　全建淮藏

让蒙驷一直遗憾的是，因为某种原因急需用钱，蒙先生在2004年以50万元将这块石头转让，他说，这块石头现在至少能卖500万元。

蒙驷收藏的这块彩陶石之所以名贵，是因为其不仅水洗程度佳，石肌近似瓷器彩釉釉面，还因为其中有一块是彩陶石中的翠绿色彩陶，即一种纯绿彩陶石，这个品种境界更高，更为名贵，如今佳品都要数万元到数十万元一块。

▲春意
广西水冲石　3厘米×5.5厘米×3厘米　全建淮藏

目前市场上绿彩陶石赝品众多，都是块状原岩切割打磨抛光而成，价格仅值几百元一块。从台湾流回大陆的这类早期彩陶石精品，通常都要十万元甚至上百万元一块。

蒙驷的收藏经历在彩陶石收藏者中较为普遍，由于彩陶石不断升值，所有卖彩陶石的最后都感到后悔。

八、树立正确的收藏理念

收藏彩陶石要讲究方法和原则，需要有正确的收藏理念，有一些基本的收藏方法、原则和理念。

1.永远追求精品

彩陶石精品是彩陶石收藏者必须追求的。什么是精品呢？初涉彩陶石的石友往往会有困惑，他们会受在哪里的石

▲瓜瓞绵绵
彩陶石　15厘米×6.5厘米×5厘米　沈泓藏

馆看过的，或在书上、画册中见过的类似的彩陶石的影响，以为在石馆中的或入书的才是精品。

或者，他们受到成交出售过类似奇石，甚至卖过多少钱等等因素的影响，理解精品，这样就容易误判精品。

收藏者要树立这样一来的理念：只有精品彩陶石才具有收藏价值和经济价值。所以，在选择或购买时要多比较多选择，多听听资深专家和有过丰富收藏经验人士的意见，这种请教和学习十分必要。

品质重于数量，无论收藏还是鉴赏，都要盯住精品，普通的品种是庸品，不值得收藏。

2.形成藏品特色

彩陶石种类繁多，收藏者应根据资源稀有情况和个人爱好，选择自己所要收藏的方向和彩陶石种，甚至可以进行专题收藏，力求在某一专题收藏的数量上，在精品档次品位上，形成自己独立、独特的风格，力争在这个品类中在一定范围内产生一定影响，这样才能成为某一专题系列的"收藏大家"，独占鳌头。选题可选象形石，也可选山水景观专题、翠绿专题、墨黑石专题、古铜专题、黄釉石专题、棕釉石专题等等。

面面俱到分散精力和财力，很难成为收藏大家，专题收藏，形成藏品特色，最容易成功。

3.了解各地行情

彩陶石收藏者要多了解外界的收藏动态和鉴赏时尚，包括本地区、其他省份、全国直至国际，了解彩陶石收藏观念的变化及市场趋势，了解各地的行情，调整自己收藏中不合时宜的方面，不断提高收藏眼光，提升藏品的收藏价值。

4.多与行家交流

自己收藏的彩陶石是否属于精品，如何界定，要克服"肯定自己、否认他

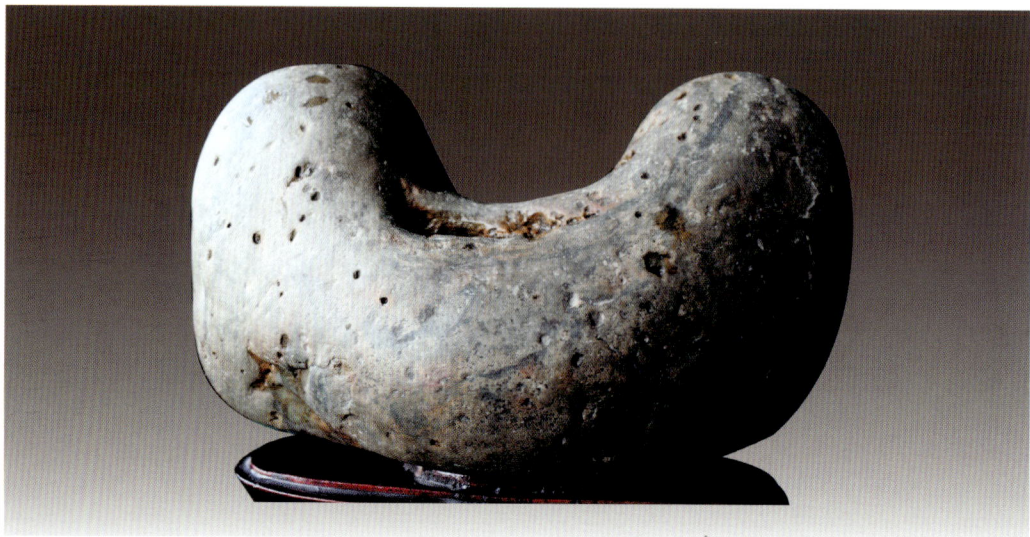

▲元宝（聚宝盆）

彩陶石　14厘米×7.5厘米×6厘米　沈泓藏

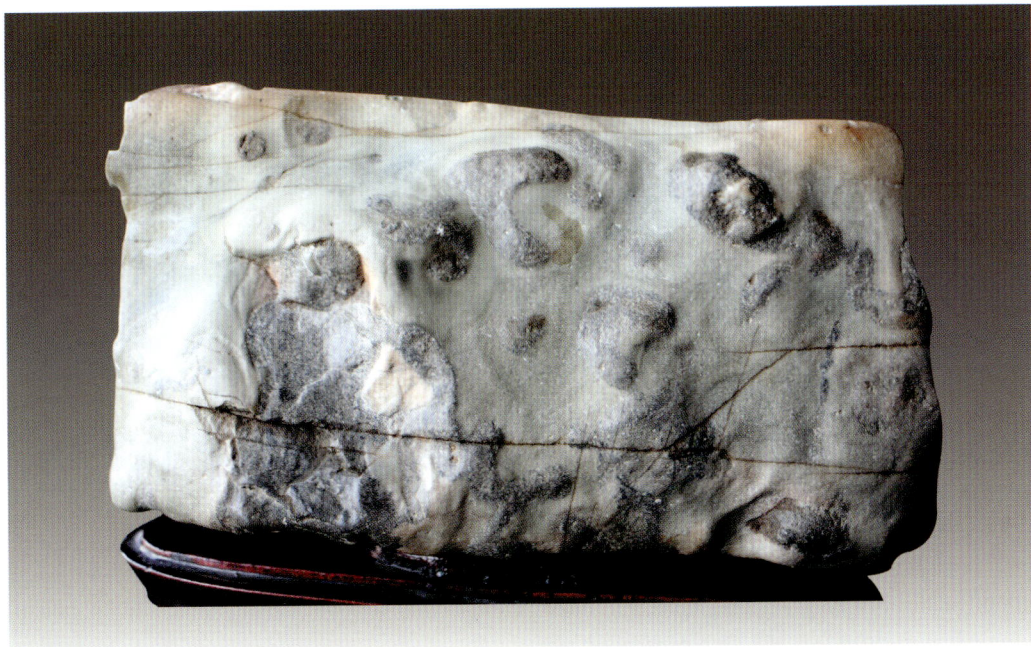

▲少女喂鸟

彩陶石　13厘米×8.5厘米×5厘米　沈泓藏

▲夫妻情碎争子

彩陶石　17厘米×8.5厘米×7厘米　沈泓藏

▲夕阳下的河畔柳
彩陶石　19厘米×8.5厘米×8厘米　沈泓藏

▲绝壁爱情
彩陶石　18厘米×8.5厘米×7厘米　沈泓藏

▲相思少女
彩陶石　10厘米×5.5厘米×5厘米　沈泓藏

人"的不良心态，多展示交流。

　　具体地说，一要多与资深收藏者交流赏石心得和观点，多请他们来认定。二要多看石馆、石展，所谓的标价很高、谈论最多的精品，分析对照自己的藏品可以参考判断。三要多参加大中型石展，参展、参评，专家们在理论上、综合评定方面还是比较准确的，找出自

己藏品的品位，不好的可作"商品石"低价出售，这样既可收回成本，也可集中财力购买更多精品。

5.学会展示

　　收藏不能闭门造车，要学会展示。特别是要学会展示自己的精品，可以先在家里摆放，选好位置、几架，灯光布局也要考虑，要考虑最能表现藏品的观赏性，以达到收藏、观赏的效果。

6.掌握彩陶石的种类

　　掌握彩陶石的类别，有助于专题收藏彩陶石，也有助于对彩陶石的价值有一个准确判断。

　　本书前章已经介绍过，彩陶石的种类有多种分类法。按色彩分，有翠绿、墨黑、橙红、棕黄、灰绿、棕褐、浅蓝、青灰、古铜等色泽；按石肤分，有的似陶色，有的像古瓷；按形状分，虽然多呈现出块状，有高低错落的方圆角，但每块石头都不同的形状；按色彩和品质交融分，有绿玉石、黑釉石、黄釉石、棕釉石等多个种类；按综合分，有彩釉

▲一代天骄

广西大化金梨皮石　全建淮藏

　　此石为广西大化金梨皮石，石型品相雄浑端庄四平八稳，连底部也天生平稳，全石天然包浆浑厚温润，富于色彩变化，且遍布琥珀状金黄色斑点，宛如鎏金错银，显得富丽堂皇而典雅。

石、彩陶石、纯色石、鸳鸯石之分等等。掌握彩陶石的种类，可以知道其价值。

九、文化艺术素质有助收藏

文化艺术素质有助奇石收藏，要获得这些素质，需要积累广博的知识，培养丰富的兴趣爱好。

笔者曾询问过很多奇石收藏家的收藏经验和收藏理念，可以说各有不同，但大同小异。如广西奇石收藏家全建淮的收藏经验和收藏理念，就是积累广博的知识，培养多方面的兴趣爱好，特别是发展艺术方面的才华。

全建淮对我说："老师要我谈收藏经历，我实在不是藏家，仅是个爱好者而己，只能说是谈些体会。说来话长，自小就喜欢画画、习字，读些古典文学诗词之类；也喜欢到大自然中去，若遇见到清澈的溪流，奇秀的石峰或百年古树都会陶醉其间流连忘返。我还会在幽谷山野中挖些兰花、树桩回来栽种，当然也会偶尔捡几块小石头，不过那时候从来没有发现过值得自己收藏的，可见天底下好石头真的很少。"

全建淮认为，值得收藏的好石头是指那些看起来让人怦然心动的艺术品般的石头，要找块在形、质、色、纹或皱、瘦、漏、透等方面有点特色、有些观赏价值的所谓奇石并不难，但要找块称得上天作艺术品的奇石就很难了，难怪乎有些颇有体会的藏石大家感

▲ 一代天骄（局部）

广西大化金梨皮石　全建淮藏

▲一代天骄（侧面）
广西大化金梨皮石　全建淮藏

▲一代天骄（背面）
广西大化金梨皮石　全建淮藏

叹一生藏一石足矣。

他说：现今石界有"抽象石""意象石"和"具象石"之说，其实"抽象、意象"之石，不管说得如何玄妙，都是自己意念体会，只有自己知道，谁都可以自以为是的找块石头"抽象"一番的；至于"具象"者，则多说"三分像""七分像"，而不讲究像什么，怎么个像法。比喻说像个人，但像个号啕大哭的人、像个颓丧的人，我想不会有人喜欢。

收藏家要有鉴赏的眼光和高度，全建淮就是这样一个收藏家，他认为艺术的境界是气韵生动，奇石也应如此；艺术给人的感觉是美的，奇石也应如此。艺术是要有主题的，奇石也应如此。赏石藏石必须具备一定的文化艺术综合素质，如绘画、书法艺术，古典文学诗词、历史知识等，当然我们不可能成为这方面的专家学者，但能掌握一点这些石外功夫却对赏石藏石大有裨益。

为什么有些人往往能在人们挑拣过的石堆里捡漏，有些与好石头擦肩而过，有些自诩藏石几百几千的却没有一块真正意义上的好石？全建淮说，其原因除了人们常说的石缘、财力外，最主要的还是"石外功夫"，甚至可以这样说：藏石者，其藏石档次与其掌握的文化综合素质成正比。赏石藏石是需要文化的，古代如此，当今亦应如是，这也是赏石藏石的乐趣所在。

第五章

彩陶石的保养

一、关于彩陶石打磨

收藏彩陶石，辨识彩陶石是否造假，也需要做一些学术研究，关注一些观念和争鸣，如藏石界长期争论一个问题，就是彩陶石是否需要打磨。

这是一个敏感的话题，因为它往往和制假和贩假联系起来，所以，伴随着上述问题的探讨和争论，有引发出另一个问题的探讨和争论：彩陶石打磨算不算造假？

所谓奇石，本是天然的，是指那些天然造物中具有奇巧绝伦的原生而非打磨可以媲美的石头，是那些外形和色彩都很直观的优秀品种。正因为如此，赏石理论界定了不可打磨的基本原则。

其实现在很多石头，都是通过现代工具的打磨之后成为观赏石的。如清江

石、云桂的草花石、河南的牡丹石、梅花玉、甘肃的黄河石、三峡的角石和大理石等等，都是因为加工打磨而成为观赏石的。

所以，奇石鉴藏家杜一之说："死守着祖宗的清规戒律而不准打磨和忌讳打磨，这样会使我们走向狭窄，甚至偏见，就不可能出现我们时代以质、色、形、纹、意、象为新标准的赏石理念。我们的胸襟包容整个世界，但绝对不是包容赝品和作假。对某些石头进行必要的打磨，它的初衷是'发掘和再现'大自然造就的那种纯自然的内在美，而绝对不是提倡用现代工具去人为地做出虚假的美。"

同时，杜一之认为，无论我们从何种角度去谈论石头的塑性，决不能偏离欣赏奇石天然美的这一美学原则。否则

▲清净台
马安彩陶石　高东升藏

就是玉雕、石雕及工艺的其他门类，那就与奇石的概念毫不相干了。

杜一之说："当你为一块美石喝彩的时候，你不要因为它曾经打磨过而唾弃它，你应该感叹玩家在石头的深处再现了大自然的本来面目，而决不是人为可及的天然美。……一块光滑圆润的莹石也远比未经打磨的原石更招人喜爱。"

杜一之同时强调，这里说的打磨，是指那些外表并不明显而又觉得确是一块好石的石头，在该出手的时候就出手，并恰到好处地给它以生命。一块原本就很完美的石头，千万不要轻易去动它，否则会后悔的。哪怕在一块原石上稍微做点手脚，也逃不脱行家的眼睛。

当然，精品彩陶石决不是靠打磨才出现的，一块普通的石头无论怎么打磨也磨不出什么好东西来。

杜一之和其他收藏者一样，最忌讳

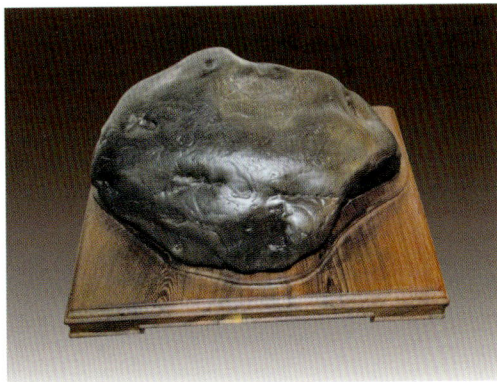

▲太岁
马安彩陶石　29厘米×15厘米×22厘米　高东升藏

▲ 通灵

马安彩陶石 高东升藏

那些在外形石上作假的丑陋行为。而这种作假又最容易鱼目混珠,让人不能轻易察觉。

彩陶石的打磨,只不过是认可将其表面的瑕疵和冷却时所裹上的那层厚厚的杂物释放后变质的余留层面处理,而绝不是刻意的雕琢。

最后,应注意的是,彩陶石与其他奇石比较,是最不适合打磨的,除非不得已,才可稍加打磨处理,一般不要轻易打磨。

二、彩陶石的保养

天然彩陶石硬度大都在6度以上,耐酸、耐碱、耐压,收藏者在保养和处理过程中要防止因技术性的失误导致对彩陶石的损伤。

彩陶石的保养应防止用强酸、强碱反复洗刷,防止高温接触,因高温对其表层色韵有较大影响,特别是一部分高价色,在强光、暴晒、高温之下都会产生不同程度的变色、退色。

高价色之有无是精品、极品彩陶石的重要条件之一，因保养的失误导致彩陶石的色调、色韵产生微妙作用，往往差之毫厘失之千里，因此在保养的过程中应当特别注意保护其原韵、原色调。

彩陶石的特点是水洗度高，石皮光滑致密，平日无须油蜡养护，只是用软布轻轻揩拭，就已是光泽熠熠，莹润美丽。所以，收藏彩陶石，比起很多石种，在油蜡养护的保养上可以省一些心。

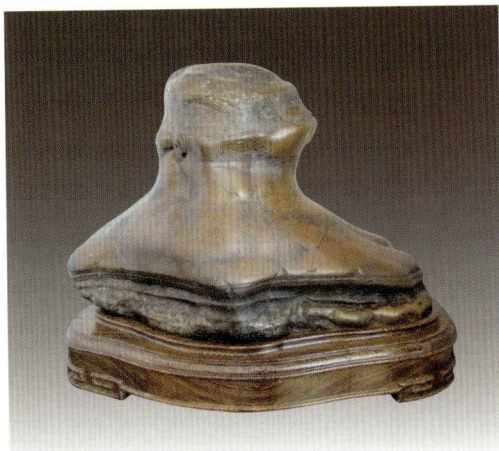

▲佛首
红水河石胆石　42厘米×31厘米×24厘米　高东升藏

▲彩陶石的摆设
高东升藏

第六章

雨花石的产地和形成

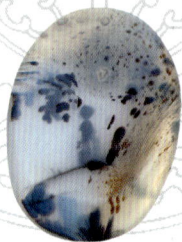

雨花石，是一种天然花玛瑙，主要出产于江苏省南京市六合区，为全国最大的雨花石产地。所产雨花石之质、形、纹、色、呈象、意境六美兼备，被誉为"天赐国宝，中华一绝"。神奇的雨花石是由石英、玉髓和燧石或蛋白石混合形成的珍贵宝石，也称雨花玛瑙，或称文石、观赏石、幸运石。

雨花石形成于距今250万年至150万年，是一种天然花玛瑙，主要出产于江苏省南京附近的仪征市境内。它古今闻名，古代就是中国"四大名石"之一，有人说它是花形的石，是石质的花，自古以来就有石中皇后之称，是世界观赏石中的一朵奇葩，它凝天地之灵气，聚日月之精华，孕万物之风采，为奇石中的珍品。观之令人心旷神怡，赏之可意安体泰。

一、雨花石的产地

南京雨花台名满天下，世人多以为雨花石产于雨花台，其实是不确的。雨花台以前曾产过雨花石，但雨花石现在的主产地，其实主要产于江苏省南京市六合及仪征市月塘一带。

六合毗邻南京，仪征原属于六合地区，现隶属扬州，这里的雨花石品质，尤以六合的横梁、东沟、八百等地为佳。

南京虎踞龙盘、人杰地灵、气象万千、物产丰盛，仪征市月塘位于扬子江畔，风光旖旎，滚滚的长江从她身旁缓缓地流过，仿佛在诉说着中华大地无数寻石人的故事。

仪征市雨花石资源十分丰富，据江苏省地质三大队对现有开采塘口的勘

▲古堡
南京雨花石　5.2厘米×4.7厘米　柏贵宝藏

▲都市风光
南京雨花石　4.6厘米×3.8厘米　柏贵宝藏

▲东瀛女
南京雨花石　9.4厘米×7.3厘米　柏贵宝藏

▲杭州保俶塔
南京雨花石　5厘米×3.5厘米　柏贵宝藏

查，雨花石储量约为900万吨，球石资源储量达5000万吨以上，绝大部分资源集中于月塘乡。其雨花石产量在全国总量中过半，为全国最大的雨花石产地，成为我国继大连、连云港之后第三大卵石基地。

仪征市的雨花石资源因其硬度高，色彩艳丽，含铁量少，质地佳好，价格合理，深受收藏者欢迎。

据民国收藏家赵汝珍记述，当时由于雨花台地区狭小，不能任人挖掘，当地人便到浦口、塔山一带挖掘，携至雨花台售卖，以欺骗来往过客。文人慕其名而购之。

作为雨花石的故乡，南京喜爱和收藏雨花石的人更是越来越多。自然形成的雨花石，不同于人工制作的工艺品，由于资源的有限和其纯天然的魅力，其收藏的潜力和投资的价值也在迅猛地提升。

二、雨花石的形成

雨花石晶莹剔透，细腻圆润，有着绚丽的色彩和独特的纹理，而且里面含有玛瑙，这些美丽的雨花石究竟是人工雕琢还是自然天成，是怎样的力量创造了它们的美丽与神奇，美丽的背后又有着怎样的地质秘密呢？

在距今约4.2亿年至500万年之间，经过了火山喷发、冷却沉积，地壳抬升、次生搬运、流水下切沉积，而形成了雨花石这一产物的原始原料。

雨花石产于南京及其周边地区的雨花台砾石层。雨花台砾石层为古长江及其支流秦淮河、滁河的沉积物，形成距今约1200万～300万年的地质时代，即中新世、上新世，乃至第四季早期。

雨花台砾石层是南京附近的重要地层，在1924年世界地质大会上，由地质学家刘季辰、赵汝钧创名。

目前，关于雨花台砾石层的砾石来源和雨花石的成因，在学术界和雨花石研究领域有星云说、喷出说、陨星说、远源说、近源说、远近源同存说等，其中远近源同存说更加言之有据，其余存疑待考。

所谓远源说、近源说、远近源同存说，远源即来自长江中游一带，近源即来自南京附近。

李立文教授经过对幕府山、铁心桥和秦淮新河畔的原生玛瑙标本及湖北松兹、四川宜宾的玛瑙质砾石标本的研究后认为：雨花台砾石层的来源较为复杂，它既有远源，也有近源，并以近源

▲宠物
南京雨花石　4.4厘米×4.1厘米　柏贵宝藏

为主。

雨花台砾石层中的砾石来源与长江及支流有关。距今约00万年前，喜马拉雅山脉强烈隆起，长江江源不断伸长，长江流域的西部进一步抬升，由唐古拉山各拉丹冬雪岭冰川因日照、风化、水流融化作用而形成的冰融水，从涓涓细流、千涧百溪，最终汇成汹涌波涛，冲出青藏高原，切开巫山绝壁，使东西古长江相互贯通。

从此，长江犹如一条银龙，咆哮翻滚，拍打着悬崖峭壁，冲击着崎岖乱石，历经6300千米，一路向东海奔来，出现浪涛奔腾的景象。与此同时，秦淮河与滁河也发育成具有一定规模的水系。

在这个过程中，鱼龙混杂，泥沙俱下，至下游平坦地带南京段，便逐渐淤积下来，就在长江、秦淮河、滁河沿岸，特别在江河交汇的地方，由水流带来的卵石与沙子就在那里沉积，形成雨花台砾石层。

经历千万年前的地壳运动后，由古

▲红梅花儿开
南京雨花石　柏贵宝藏

▲秋水伊人
南京雨花石　6.8厘米×3.6厘米　柏贵宝藏

老河床隆起产生的砂石山中，经历着山洪冲击、流水搬运过程中不断的挤压、摩擦，雨花石在数万年沧桑演变过程中，饱经浪打水冲的运动，被砾石碰撞摩擦失去了不规则的棱角，又和泥沙一道被深埋在地下沉默了千百万年。

这些夹杂在其中的彩色斑斓的天然纹石的前身，很多是在前期玄武岩裂缝中形成的，有些则是在更早的侏罗纪的火山岩裂隙或空洞中形成的。

它们在熔岩凝结过程中，石英脉穿插其间，在低温条件下（一般低于2000度），超饱和二氧化硅呈胶体溶液状态，其带电荷的溶质体在压力影响下，电荷发生交替变化，致使二氧化硅溶质体不断与载体介质分离析出，并在以一个或多个晶核为中心凝聚，形成同心圆状的美丽花纹。

由于不同的化学元素或各类元素含量的多少有别，以至形成变化多端的颜色，有白、黄、红、黑、红白相间等，

成为名扬中外的观赏石，即雨花石。

根据地矿学家考证，雨花石孕育于距今约1200万～300万年的地质时代，形成于距今250万～150万年之间。雨花石的孕育到形成，经过了原生形成、次生搬运和沉积砾石层这三个复杂而漫长的阶段，也可谓是历尽沧桑方显风流了。

三、雨花石的化学成分

雨花石之美在于颜色和花纹，而雨花石的颜色和花纹则与其化学成分有关，它是在逐渐分离、不断沉积成无色透明体二氧化硅过程中的夹杂物而已。仔细欣赏雨花石，个中藏有山川云彩、人物神仙、花鸟虫鱼，色彩艳丽，变化万千。

雨花石是地球岩浆从地壳喷出，四处流淌，凝固后留下孔洞，涓涓细流沿孔洞渗进岩石内部，将其中的二氧化硅

▲三个和尚
南京雨花石　柏贵宝藏

慢慢分离出来，逐渐沉积成石英、玉髓和燧石或蛋白石的混合物。

　　由于雨花石种类繁多，其主要石质为玛瑙、蛋白石、玉髓、石英等的卵石，见于河床、河流阶地的沉积物之中，它的成因和化学成分极为复杂。

　　以玛瑙砾石为例，它来源于原生玛瑙。一般认为，原生玛瑙是由岩浆的残余热液形成的。这种热液充填在火山岩如玄武岩、流纹岩的空隙中，因空隙的形状不同，或成玛瑙球，或成玛瑙脉。经过自然力的作用，原生玛瑙脱落而出，再经过山洪冲击，流水搬运，磨成卵石，这就是我们所见到的在砾石层中的雨花玛瑙石。

　　雨花石以其纹奇、色艳的自然美著称于世。它的圈状花纹是二氧化硅胶液围绕火山岩空隙、空腔，由内壁开始，从外向内多层次逐层沉淀而成。在其生

▲雾里看花
南京雨花石　6厘米×4.5厘米　柏贵宝藏

长过程中，常常发生带色离子和化合物的周期扩散。

　　原生玛瑙的主要化学成分是二氧化硅，其次是少量的氧化铁和微量的锰、

铜、铝、镁等元素及化合物。它们本身具有不同的色素，如其中红色成分为铁离子和亚铁离子，赤红者为铁，蓝者为铜，紫者为锰，黄色半透明乾为二氧化硅胶体石髓，翡翠色为含绿色矿物等等。

由于这些色素离子溶入二氧化硅热液中的种类和含量不同，因而呈现出浓淡、深浅变化万千的色彩，使雨花石呈现出黑、白、黄、红、墨绿、青灰等色系，极其艳丽秀美。

四、雨花石市场

雨花石的主要成分是二氧化硅，目前除了一部分具有观赏、收藏价值的被人们赏玩外，其余被广泛用于建筑装璜、陶瓷、建材、化工油漆、自来水工程等领域。

仪征市年加工经营各类雨花石达6万吨，主要销往扬州、广州、福建、浙江、山东、安徽、江西等地，并经过外贸公司出口到日本、美国等国外市场。

南京雨花石村是第一个以行政村的形式来体现南京雨花石主要生产加工区域的地方。而南京，由于其特有的历史渊源和丰厚的石文化底蕴，目前依然是国内乃至国际最大最主要的雨花石集散地和活动中心。

比较知名的雨花石交流中心和市场还有清凉山奇石市场、雨花台雨花石博物馆、夫子庙文化市场、中山陵文化市场、南艺后面的雨花石市场、六合雨花石市场、横梁雨花石文化街等。

南京的六合区是盛产雨花石的地方，特别是雄州镇和横梁镇。如果开车，开到六合区的南门之后，往右拐，走一段距离就会有很多小的六合雨花石

▲杨柳春色
南京雨花石　5.6厘米×4.2厘米　柏贵宝藏

▲幽谷
南京雨花石　4.8厘米×3.5厘米　柏贵宝藏

▲ **招财童子**
南京雨花石　柏贵宝藏

厂家，这里雨花石价格相对较低，可以批发。

雨花石最热闹的市场雨花台曾是众多革命先烈就义的地方，雨花石也象征着革命先烈，具有特殊的意义。如今，雨花石已受到越来越多的人的喜爱，不仅在国内为人所收藏，而且引起了海外的重视，出现了一批收藏者。随着旅游业的发展，又成为一种独特的旅游资源和产品。

现在，南京很多旅游景点都有雨花石出售。雨花台景点游人如织，比肩接踵。

雨花石的热销带来了市场的旺盛，当真正的产品不能满足市场需求、或为利益所驱时，赝品悄然滋生。当然，行家是一眼能便出真假"美猴王"的，有的人买到的是一个高科技加工的雨花石，但认为对于雨花石本身而言，也许是一件好事。

南京及其周围地区的雨花石蕴藏量非常丰富，据估计总量超过10万吨。合理开发雨花石资源已引起了有关部门的重视。据了解，雨花石主产地六合县大做"石"文章，举办雨花石文化节，开辟地质特色旅游路线，吸引大量游客，提高了该县的知名度，取得了较好的效果。

第七章

雨花石文化

万里长江奔腾万年不息，一泻千里，卷走了数不尽的枯枝败叶和泥沙，留下的只是一种天然玛瑙石——"石中皇后"雨花石。

美丽的雨花石被人们欣赏、收藏已有千年历史，雨花石的精品是藏石家梦寐以求的瑰宝。从古至今，人们爱石、赏石、藏石，形成了独特的雨花石文化。我国美石无数，而如雨花石得到中外人士青睐，广为人知，人见人爱，收藏成风，则是少见的。作为我国历史上特有的美石，雨花石在百千种奇石中，堪称佼佼者。

一、雨花石的美丽传说

诗人赵恺写到雨花石：不是雨，不是花，你是有形的音乐，无形的诗歌，流动的绘画，静止的戏剧……

雨花石以"花"为名，花而雨，美丽迷人。提到雨花石，先声夺人的是一则关于雨花石的神话传说。

传说古时雨花台上有一座雨花观，雨花观中有一位雨花真人。雨花真人端

▲ 别有洞天

南京雨花石　柏贵宝藏

▲西湖楼外楼
南京雨花石　4厘米×4厘米　柏贵宝藏

▲孤鸿落叶洞庭水
南京雨花石　5厘米×5厘米　柏贵宝藏

庄睿智、深藏若虚，他经年静坐而绝少宣道，仿佛自己就是一部玄秘古奥的经书。

一天，雨花真人开坛讲经。微言大义、悬河流水、探本溯源、咳唾成珠，品格和智慧的魅力震撼了众多百姓，乃至感动了上苍诸神，欢悦之中诸神命令降下一场五彩天雨来。

五彩天雨杂沓而下，好似一幅珍藏在故宫博物院里的米芾山水长卷。泠泠雨水敲击在雨花台上，一粒粒变成了玛瑙般的雨花石。

这一传说中的雨花真人，应是古代典籍记载的云光法师，"旧傅梁武帝时，有云光法师讲经于此，感天赐花。"

这一神话传说讲述的是1400年之前的梁代，梁武帝时期，有位云光法师在石子岗（今南京南郊）讲经说法，精诚所至，感动了上天，天花纷纷飘落，落花如雨，花雨落地化作五彩石子，故称雨花石，讲经处遂更名雨花台，成语

"天花乱坠"正由此传说而来。

可见，早在一千四百多年前，雨花石和南京的雨花台就联系在一起了。

二、"通灵宝玉"或就是雨花石

玉石级雨花石的色彩美、图纹美、景象美和意境美是任何玉石无法比拟的，因而玉石级雨花石集"质色纹形奇巧美"于一身，而胜于玉石。

很多研究者认为，《红楼梦》中的"通灵宝玉"原型就是雨花石。江苏省地质勘察局副局长、江苏省观光石协会常务副会长孙大亮就指出，《石头记》中曾上百次提到"通灵宝玉"，脂砚斋点评其："大如雀卵，体；灿若明霞，色；莹润如酥，质；五色花纹缠护，文。"

这一段批注从"质、色、形、纹"四个方面对"通灵宝玉"进行鉴赏，恰好

▲烟柳摇风
南京雨花石　3.5厘米×5厘米　柏贵宝藏

▲雨花宝韵祖母绿
南京雨花石　3厘米×4厘米　柏贵宝藏

▲日出
南京雨花石　5厘米×4.5厘米　柏贵宝藏

符合《中国观赏石鉴赏标准》。由此基本可以认定，雨花石就是"通灵宝玉"的原型。

　　雨花石就是"通灵宝玉"的原型，可以从古代典籍中找到线索。

　　春秋末年，我国著名的思想家、教育家、儒家学说的创始人孔子所

著的《尚书·禹贡》记载："扬州贡瑶琨"。

　　瑶琨者，似玉的美石，玛瑙也。好一个"扬州贡瑶琨"，五言而已，足以让雨花石的热爱者、研究者兴奋不已。姚士奇《玉宝与中国文化》一书中说：琨"很可能指的是雨花石"。如此说来，雨花石早在春秋时期就可能作为贡品，献于王室了。

　　扬州的辖区真州（今仪征市）唯盛产玛瑙，是雨花石的主产地之一。且今天的月塘乡砂矿，仍多产玛瑙，质地尤其润泽细腻，为社会所共认。六合、仪征两地砂矿众多，星罗棋布，唯月塘名声最响。故此，早在春秋战国时便将此地之"瑶琨"贡至宫廷，成为达官显贵的案头清供或为皇室嫔妃装饰点缀之物乃是至情至理之事。

　　后人将砂砾石层中所产的玛瑙石、蛋白石、水晶石玉髓、燧石等统称为"雨花石"。宋人杜绾在《云林石谱》

中称："真州（即今仪征）水中或沙土中，出玛瑙石"。

古人认为雨花石不是宝玉胜似宝玉，这一品评是恰当的。有人研究发现，《红楼梦》中贾宝玉呱呱堕地时口中衔的"大如雀卵，灿若明霞，莹润如酥，五色花纹缠护"的通灵宝玉，隐指的即是雨花石。其他石种在一些文学巨著中是很少提到的。

可见，雨花石文化的发展史与我国的赏石史、玉石史有着千丝万缕的联系。雨花石既有宝石的特质（如蛋白、玛瑙、水晶、玉髓），又有极高的观赏价值，"玉与玛瑙所不能及，故足贵也。"（明《灵岩石说》语）

三、有关雨花石的著述

宋代杜绾所著《云林石谱》载有116种奇石，雨花石列于其中。当时称"玛瑙石""螺子石""六合石"。

明代林有麟所著《素园石谱》有绮石木刻图文三十五枚，这绮石图文即是雨花石最早的倩影了，万分宝贵。

元代著有《江石子记》，介绍了当时的雨花石。

明冯梦祯《醉石斋记》记载：因"六合山中所产绝奇，好事者竟出金钱购之"，且好事者日众，使需求趋于旺盛，原"牧童过而拾之，玩美俄倾，旋复弃掷"（姜二酉《灵岩子石记》）的现象已不复存在，取而代之的是有"吴人在涧旁结草棚以市酒食"，"贫者日奔走以自给"，乡民荷铲而至，"斫山斧凿，先期候雨，冲流搜讨"，"一时蜂涌蚁聚"，可见其盛。

而为了得到更多更好的石头，玩赏

▲马蹄莲
南京雨花石　5厘米×7厘米　柏贵宝藏

者竟相购买，价格也随之上涨，原"出升许换得饼饵去"的不景气情形已成了老皇历。

六合县令米万钟就"自悬高价，殆十日罗之"。在南都（即南京），夫子庙桃叶渡、雨花台的石市异常活跃。有以石比玉抬高行情的，有囤积居奇待价而沽的，不一而逐。"寸许石子，索价每以两许"令人咋舌。一如孙国敉所描述："噫，一石子显晦也有时也"。

清代《桃花扇》著者孔尚任写有《六合石子》。

清代乾隆间《登悦堂诗集》有文石诗八十一首及文字说明，把雨花石描摹的惟妙惟肖，难能可贵。

现当代雨花石著述更是雨后春笋一样的冒出。如王猩酋的《雨花石子记》、张轮远的《万石斋灵岩石谱》。

王猩酋数十年荒淫于雨花，并写就

▲乳燕呢喃
南京雨花石　6厘米×6厘米　柏贵宝藏

▲极目楚天舒
南京雨花石　5厘米×3.5厘米　柏贵宝藏

《雨花石子记》，科学地提出雨花石因长江而形成的观点，并就雨花石的质、形、色、纹、定名、玩赏、品级、交易等进行全面论述，读来令人耳目一新，受益匪浅。

王猩酋是民国雨花石收藏的巨擘，撰写有《雨花石子记》。

从审美的角度，王猩酋根据我国传统的诗品、书品、画品的品级原则将石品分为三等九级：石无定衡，而精粗优劣之走界，内家亦有套评。石友尝欺第石高下，列为等次，奈所拟与轮远略同而稍异。

其三等九级如下：上等灵品、奇品、隽品；中等幽品、精品、纯品；下等别品、常品、庸品。

在《雨花石子记》中，王猩酋对于雨花石石品的三等九品，作了详尽的阐述，他对从一般的雨花石中发现不寻常的珍品雨花石，作了细致的分析。他认为只有从平常的庸品、别品、常品雨花石出发来定品，一步步推溯，才有可能逐步淘汰，逐渐识别出灵奇之石，获得上品雨花石。

王猩酋的九级品石，是从个人收藏鉴赏雨花石的经验上来立论的，要言不烦，不落空言，无论对于初入门的雨花石爱好者，还是具有相当基础的雨花石收藏家，均有具体的指导意义，不愧为经验之谈。

雨花石的赏玩和收藏，当以天然为贵，任何加工、打磨的人工痕迹，都有可能将雨花石的天然之美破坏殆尽。王猩酋对于宋代以来的将雨花石加工成工艺品的做法以及磨光等人工手法，极为反感和惋惜，认为是无知妄作，煮鹤焚琴。

鉴赏雨花石，要有法度和忌讳。他认为收藏、鉴赏雨花石不能将雨花石任意放置和任人观赏，而应有所选择，所以提出了观赏收藏雨花石的禁忌和要求：

第一，雨花石与金属之物相克，雨花石尽量不要接近金属器物。

第二，不在酒食腥秽之处观赏雨花石。

第三，不在污秽俗鄙之地观赏雨花石。

第四，不在烟火熏蒸环境观赏雨花石。

第五，不在烈日之下观赏雨花石。

第六，不在冰雪寒冷气候下观赏雨花石。

第七，不与怪僻之人观赏雨花石。

第八，平日观赏雨花石时，要放往水中，看后即取出收藏，不宜长储水中。以雨水为最佳，倘不得已，乳泉水、河水亦好，最次者为井水，最忌热水及成卤之水中，对雨花石最为损害。

1948年，张轮远所著《万石斋灵岩大理石谱》问世，堪称第一部系统研究雨花石的理论专著，填补了鉴赏、研究雨花石的空白。此谱集雨花石文化发展史之大成，凡前人涉及的有价值之内容无一遗漏，为后来研究者提供了极大的方便。而比之前人，更有长足的进展。此谱在对神妙诸石"目察心摹"的基础上，立论尽依科学方法，参考哲学、审美、心理、物理、矿物、及考古诸家折

中之说，终开科学系统研究雨花石之先河。一九八二年由天津古籍出版社再版，一九九三年上海科技教育出版社辑入《古玩文化丛书·说石》中，可以想见此谱流传之广、影响之大。

江苏古籍出版社、香港嘉宾出版社1989年出版了《雨石珍品集》，上海人民美术出版社1990年出版了《雨花石精选》，都是当代有影响的雨花石著作。

还有海笑《红红的雨花石》，刘水的《雨花石鉴赏》、池澄的《雨花石谱》、贝芝泉的《雨花石赏析》，以及贝芝泉、池澄、吴浩源、征争等十余人的七套雨花石明信片，马文斌、朱言荣等出版的雨花石挂历、台历等，雨花石出版物异彩纷呈，不胜枚举。

明信片中，征争有一套有40张之多的雨花石明信片，分人物、动物、风景、花卉四辑，各10张，印制精益求精。

中国录音录像总公司南京分公司录制的《中国民间收藏家》，第一辑首

▲水波烟柳
南京雨花石　4厘米×5厘米　柏贵宝藏

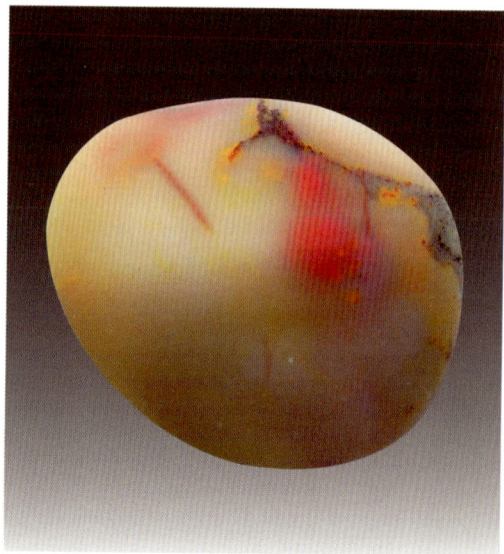

▲宝葫芦
南京雨花石　4.5厘米×4.5厘米　柏贵宝藏

▲锦绣九州
南京雨花石　5厘米×5厘米　柏贵宝藏

选雨花石，系雨花石收藏家柏贵宝的藏石。

中国邮电总局发行全国通用电话磁卡有四枚雨花石。

金陵火柴厂推出雨花石精品火花集《南京明珠——雨花石》画册。获吉尼斯之最，集画册的藏石、摄影、诗、词、文、设计、主编一身的陈伟雄，是一位雨花石收藏家，也是研究者。

华东师范大学党委宣传部制作的《石不能言最可人——吴浩源和他的雨花石》，在1997年上海有线台系统评奖中，被评为专题二等奖。

南京师范大学的李立文教授等从地质科学的角度，写作出版研究雨花石的论著，将雨花石收藏提升到了科学高度。

雨花石已不是一般的收藏玩赏物，它早已成为一种文化现象。南京雨花台建立了雨花石博物馆，文化部拍摄了《雨花石文化艺术》电影，制作成光盘在全世界上传播。国内有关电视台多次播放雨花石，媒体报道雨花石收藏的文章常见于报刊。

▲翼龙
南京雨花石　7厘米×5厘米　柏贵宝藏

▲钟埠晴云

雨花石　4厘米×6厘米×3厘米　杨维新藏

四、雨花石与名人

关于雨花石，在历史上有不少美好的故事。历代名人及文人骚客爱雨花石者甚多。

据说，宋代大诗人苏轼（东坡）是最早赏玩雨花石的鼻祖。

苏东坡曾在齐安河上用饼换取小孩拾到的五彩石，回家后放在铜盆蓄养。

由于东坡先生的倡导，觅石、购石、咏石成为长盛不衰的风尚，雨花石成为文人雅士不可缺少的玩物。

明代著名书画家米万钟任六合县县令时，发现雨花石玲珑可爱，出高价广收此奇石。一时间，采石、卖石、藏石之风大盛。

当时，不但文人雅士，即便是老百姓也卷了进去，六合出现了雨花石集市，卖石者往来六合、南京一带。

陈继儒记载道："甲午八月，游秣陵（南京），贾客以白瓷盎贮五色石以售之，索价甚高。"

▲化龙丽地

雨花石　5厘米×6厘米×4厘米　杨维新藏

彩陶石雨花石

奇石收藏与投资丛书

QiShi ShouCang Yu TouZi CongShu

雨花石从来为人们所喜爱，古来为之写诗文、绘画的不乏其人，当代沈钧儒、徐悲鸿、梅兰芳、郭沫若即是代表，周恩来总理收藏雨花石时，称其为"雨花玛瑙"，可见其珍。

京剧大师梅兰芳先生也曾赏玩雨花石。

雨花由台名到地名，雨花台和雨花石相结合，留下了一串源远流长的美丽动人的故事。加上无数革命先烈为反动派迫害于雨花台，就更使雨花台雨花石享誉中外了。

南京梅园新村陈列的周恩来总理当年宝藏的雨花石，也是进行革命传统教育的好教材。当代革命领袖收藏奇石是不多见的，也说明了雨花石独特的地位。

红红的雨花石，象征着革命先烈的鲜血所染红，人们去雨花台烈士陵园凭吊革命先烈，自然也想到了可爱的雨花石。从这个角度来说，雨花石还可以成为对青少年进行爱国主义教育的好教材。

▲栖霞胜景
雨花石　4厘米×4厘米×3厘米　杨维新藏

▲北湖烟柳
雨花石　7厘米×9厘米×6厘米　杨维新藏

▲红梅
雨花石　12厘米×18厘米×6厘米　杨维新藏

五、雨花石展览热

雨花石文化在当代表现为雨花石展览热。

上海"世博会"前夕，从几十位来自沪宁两地雨花石藏家手中征集而来的《上海·南京雨花石珍品联展》，在上海福州路542号中福古玩城一楼大厅开展。南京100多位雨花石和赏石专家、藏家都来到了展览现场，与沪上数十位雨花石收藏爱好者相聚一堂，做了一次愉悦的赏石交流。

该雨花石珍品展由上海市观赏石协会和南京雨花石协会联合主办，上海中福古玩城承办，南京景观石市场、南京横梁雨花石馆协办。

此次展览共遴选出近300枚珍品雨花石同台亮相，让世人一饱眼福。展石中有参加南京第九届雨花石艺术节获得金奖的"钟山烟岚"，有参加"通灵宝玉"评选获奖的"出水芙蓉"，还有参加2008年迎奥运获奖美石等等。石中花鸟鱼虫、飞禽走兽、风流人物、山水画境、自然景观尽显石中，精彩绝伦。

在展出当天，还举办了一场学术交流活动。由著名学者畅谈《雨花石与玉文化》《民国雨花石赏玩"四大家"》《赏石的发现价值在于文化》、《试论雨花石在观赏石收藏史中的地位》等话题，另推出《雨花石鉴赏标准》的讨论稿，供爱好者们参考。

上海市观赏石协会常务副会长兼秘书长徐文强表示，此次推出的珍品雨花石展，题材广泛、雅俗共赏，具有鲜明的观赏性，是一次高水平的联展。他说，这次展览也是上海"世博会"献礼，为"和谐上海""文化上海"作出贡献，增加一个石文化的"音符"，也为上海友人了解中华博大精深的石文化，同时再一次让世人认识雨花美石。

南京雨花石协会副会长王建平表示，雨花石，实际上早已是家喻户晓的珍贵赏石，被誉为"石中皇后"。而南京六合和扬州仪征一带所产的雨花石质地最好，色彩也最丰富。其他地区所产的雨花石都无法与之比拟，所以这也是为何雨花石在沪宁一带如此受欢迎的重要原因。他指出，临近江苏的上海素有"全国收藏半壁江山"之称，对于雨花石的收藏更是可以追溯到民国时期，当时上海就已经拥有一批忠实的雨花石收藏者，如今依然如此。而且随着上个世纪90年代后期雨花石市场价格的频频攀升，上海藏家的淘石热情更是不减。

第八章

雨花石的分类

雨花石是奇石中的一个大类，它和某些观赏石不同，例如鸡血石、田黄石、孔雀石、大理石等，只有同一个石种，被称为是奇石中的独生子女，而雨花石则是姐妹成行，包含许多石种，她是雨花台砾石层中具有观赏价值的姐妹石的统称。

雨花石这一大的种类，可从不同角度分类，有多种分类方法，也有丰富多彩的品种。如从矿物学角度分类来看，雨花石是指产于雨花台组砂砾层中具有观赏和收藏价值的砾石。虽然雨花石其主要化学成分为SiO_2，但其原石不论在矿物或岩石的种属上都有所不同，相应地可划分其不同的类型。

而从收藏鉴赏角度分，雨花石的种类则主要是画面、色彩、造型和石质等几个有鉴赏价值的方面进行归类。不同的角度，有不同的分类法，也有不同的雨花石的品种。

一、雨花石的宏观分类

雨花石的宏观分类是指从大的方面分类，主要分为两类，一类是细石，一类是粗石。

▲ 猴子捞月
雨花石　2.8厘米×2厘米×1.6厘米
南京金陵雨花石珍品博物馆藏

▲漓江风光
雨花石　4.5厘米×3.6厘米×2.3厘米
南京金陵雨花石珍品博物馆藏

▲柳浪闻莺
雨花石　2.3厘米×2.8厘米×1.4厘米
南京金陵雨花石珍品博物馆藏

1.细石

细石质地呈透明与半透明状，又称"活石"。

细石是指由玛瑙、玉髓、蛋白石、水晶等原石所成的雨花石，玩石界统称它们为细石，实际上细石都属宝玉石，

它们常成为雨花石中的珍品、佳品。近年来，南京六合地区相关企业又扩展了玉石级雨花石玉雕工艺，这些玉雕产品都是采用细石，颇受收藏界和社会上的好评，并取得了良好的经济效益。

细石以玛瑙为主，石质细腻，颜色艳丽，磨圆度高，晶莹可爱。美丽的雨花石中常可呈现各种山水、人物、鸟兽、树木等景象，非常漂亮，使人遐想联翩。

2.粗石

粗石质地较粗，以石英或变质岩为主。

由硅质岩（如碧玉岩、燧石岩）、硅化岩（如硅化灰岩、硅化流纹岩、硅化角砾岩、硅化构造岩等）、变质岩（如石英岩）以及脉石英等原石所成的雨花石，由于出现图纹而具有观赏和收藏价值者，玩石界统称它们为粗石，其中不乏珍品、佳品。当硅化灰岩内含化石者，特称化石雨花石。

通常不透明的雨花石归为"粗石"一类，又称"砀石"或"死石"。

二、雨花石的地质分类

近几年来，随着对雨花石研究的深入，有专家从地质岩性角度，把雨花石分成十大类：

玛瑙质雨花石，即"雨花玛瑙"；

蛋白石雨花石；

玉髓质雨花石；

水晶质雨花石；

石英质雨花石；

燧石雨花石；

化石类雨花石；

▲人约黄昏后
雨花石　2.7厘米×3.2厘米×1.4厘米
南京金陵雨花石珍品博物馆藏

▲山鸡
雨花石　4.5厘米×5.5厘米×1.8厘米　南京金陵雨花石珍品博物馆藏

构造岩类雨花石；

砾岩类雨花石；

其他杂石雨花石。

前四种，石质透明或半透明，钟灵毓秀，通称细石；后六种，石质粗糙不透明，通称粗石。

三、雨花石的专题分类

根据受到藏石家青睐和喜爱的类别，按专题分类，雨花石的专题大致上可以简单地分为如下几大类：

1.画意石专题

如具景、具象、具物的或单颗景、象、物俱全的，可细分为画面石和寓意石。

画面石构图简洁明了，纹路清晰流畅，色彩层次分明，色调冷暖相呼应，布局合理，恰到好处，主题突出，一目了然，让人看一眼而忘不了。

其风格既有中国画韵味，又有西洋油画特色，还有速写及卡通形象等。

寓意石构图匪夷所思，色彩丰富多变，似景非景，似物非物，神韵十足，主题含蓄朦胧，令人百看不厌，以具有透视力的活石为主。

画面石主题突出，寓意石主题多元化；前者偏重美术常识，后者偏重于文学诗词，两者相融相辉，各有千秋，常为文人墨客、名人雅士所钟爱。

▲八仙过海
雨花石　6.6厘米×4.9厘米×1.7厘米
南京金陵雨花石珍品博物馆藏

2.造型石专题

雨花石不仅是图纹画意观赏石中的一朵奇葩，还出现不少雨花石造型观赏石，其中不乏佳品，如藏石家乔秀兰收藏的一枚《足球》雨花石，其原石只不过是被相互交叉的玉髓细脉穿插的硅化火山碎屑岩，由于其所形成的圆形砾石上恰到好处表现出玉髓细脉呈五边形网状形态分布，状如足球，形象逼真。

3.玛瑙石专题

玛瑙石是雨花石的珍品。玛瑙与水晶是姊妹石，其化学成分也是二氧化硅，硬度也是7度左右。所不同之处在于玛瑙是由硅胶冷凝而成，是均质体，不是结晶矿物，主要矿物成分为玉髓和微石英。

在构造上，具有树木年轮一样的纹理乃是玛瑙的一大特征。

玛瑙石颜色多样，绚丽多姿，素有"千种玛瑙万种玉"之说。

玛瑙石纹理细密、像丝一样纹理缠绕的称为缠丝玛瑙，与橄榄石并列为八月诞生石，象征同心同德、家庭和睦。

▲宝石花
雨花石　2.7厘米×3.2厘米×1.7厘米
南京金陵雨花石珍品博物馆藏

雨花石之珍品即为玛瑙质的，因玛瑙有玉的特点又具半透明性，在第24届在韩国举办的奥运会上，雨花石被中国体育代表团选作幸运之石，带到汉城，与各国的奇石争芳斗艳。

雨花石中的玛瑙石作为观赏石，琳琅满目，气象万千，被誉为"无言的诗，立体的画"。郭沫若称赞周恩来从雨花台拣来的雨花石："雨花纹石的宁静、明朗、坚定、无我，似乎象征着主人的精神。"

玛瑙石不仅有悠久的应用史，而且

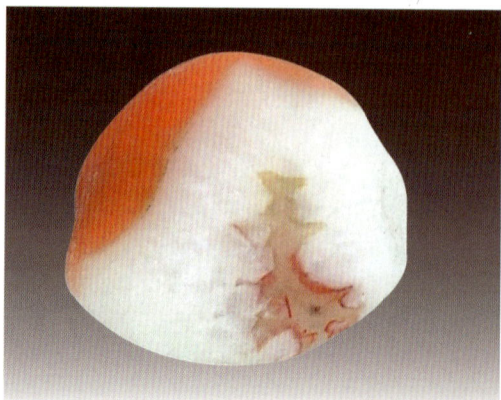

▲白发仙姑
雨花石　7.4厘米×4.6厘米×2.7厘米
南京金陵雨花石珍品博物馆藏

▲冰上舞蹈
雨花石　2.2厘米×2.2厘米×0.9厘米
南京金陵雨花石珍品博物馆藏

象征革命精神，广受拥戴。

4.抽象石专题

此类雨花石以纹理奇特，石形秀巧，色彩别致，构成不同抽象的画面和寓意，赏石者鉴赏这类抽象石需要有丰富的中外美学理念，有一定的文学艺术素养，如具有丰富的唐诗宋词知识，并有一定的美术素质，追求奔放浪漫而又奇特的主题。

5.化石专题

在雨花石中有许多海洋古生物化石，有的是我们已知的，有的是我们未知的，有待于证实的，更多的则是破碎的或被挤压变形的海洋古生物，加以泥土的混合物，组成含二氧化硅成分的卵石。

此类雨花石，具有极高的科学观赏价值，收藏者往往爱好地质学和海洋古生物学。

6.文字石专题

文字石不仅让书法家神往，也按收藏爱好者乐此不疲。祖籍扬州的南京

▲成吉思汗
雨花石　3厘米×3.7厘米×0.9厘米
南京金陵雨花石珍品博物馆藏

人陈先生收藏雨花石是因为他很喜欢书法，平常没事的时候就常到花鸟市场转转。1997年，陈先生回扬州探亲，他到花鸟市场游玩时，看到了一块雨花石，让他眼前一亮。

那是一块有着"山"字字样的雨花石，这块雨花石背景呈黄色，而上面的"山"字呈黑色，笔墨苍劲而浑厚，就像名家书写的书法作品一样。

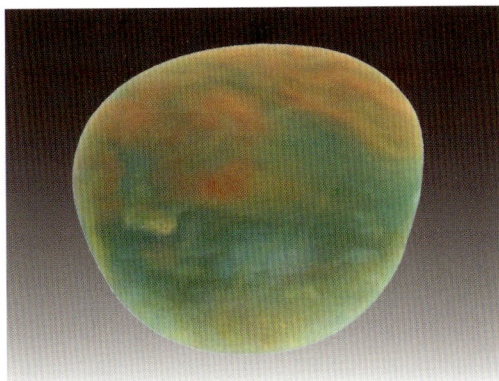

▲彩云飞
雨花石　2.9厘米×3厘米×1厘米
南京金陵雨花石珍品博物馆藏

▲长城内外
雨花石　5.1厘米×4.5厘米×2厘米
南京金陵雨花石珍品博物馆藏

喜欢书法的陈先生立刻被这块颇具天然情趣的雨花石吸引了，当时他就毫不犹豫地以高价买了下来。回到南京后，朋友们都觉得这块雨花石很好，质地也不错，可是光有一个"山"字显得单调了一些，如果再有一块雨花石能配成"大山""山水"就好了。

2002年，陈先生在朝天宫大殿转悠时发现了一块雨花石，从另外一个角度看正好是一个"川"字，大小和"山"字形雨花石正好相近，颜色和字样也很配，他毫不犹豫地买了下来。

自从收藏了"山""川"这两块有文字雨花石之后，陈先生就对收藏有字样的雨花石情有独钟。

2000年，陈先生在花鸟市场看到一块有着"八"字字样的雨花石。这块雨花石底色是黄色，上面正好是"八"字字样，而且是红色，陈先生当时就买了下来。

回家细想后，陈先生觉得要是再有一块雨花石能配成"八一"就好了。可是，雨花石毕竟是天然的，要想再配一个"一"的毕竟不容易。从此陈先生天天去市场转悠，功夫不负有心人，陈先生终于找到了一块红色"一"字字样的雨花石，它和四年前红色"八"字雨花石正好配成两个红色"八一"字样。

可见，收藏文字石专题是不容易的，需要做一个有心人，还需要有耐心和恒心。

四、雨花石的天然分类

根据雨花石是否天然和是否加工，雨花石有不同的民间称呼，这些不同的称呼，也形成了不同的类别。

▲ 春蚕
雨花石　2.7厘米×2厘米×1.6厘米
南京金陵雨花石珍品博物馆藏

▲ 翠岗春晓
雨花石　3.2厘米×2.8厘米×1.8厘米
南京金陵雨花石珍品博物馆藏

1. 水石类

未经加工的雨花石通称为水石，也叫毛石。这样的雨花石，未入水前，表面不太光滑，图像也不太清晰，手感也有些毛糙。然而，放入水中，水分子填入毛细孔，再加上光的折射和反射，色彩非常纯正，雨花石特有的神奇就显示出来了。

水石讲究的是原汁原味，其珍品为免损伤，不宜抛光。水石拍摄时通常不会在图片上露出光点，收藏者通常喜欢这一类纯天然雨花石。

2.抛光石类

抛光石一般采取"滚桶抛光法"。即将雨花石、金刚砂和适量的水放入橡皮桶内，用机械方法使其滚动，约经过2~3天后出桶，倒入锅中，用加热的蜡揉擦上光，加工完后，雨花石光亮夺目，遍体晶莹，图文清晰，手感润滑，可直接放入锦盒内观赏。

抛光石作为礼品外观光亮迷人，无需入水纹理也较清晰，而且通过抛光可以去除部分石头表面的浮斑色锈，但也常有雨花石经过滚磨后受到损伤而出现瑕疵，殊为可惜。

五、雨花石的石质分类

早在20世纪40年代，雨花石收藏家、研究者张轮远在《万石斋灵岩大理石谱》一书中，把灵岩石即今之雨花石，按其透明度不同，将雨花石分为三类。透明体：包括晶质、玛瑙质、玉质；不透明体：包括磁质、石质、泥质；混合体：包括清浊质、杂揉质。

今人根据其三分法，按雨花石的石质情况，分三类九种。

一类，雨花石质呈透明体，为晶质、玛瑙质和玉质。

二类，雨花石质呈半透明体，为蛋白质、琥珀质、交杂质。

三类，雨花石质呈不透明体，为石质、磁质、陶瓦质。

▲大瀑布
雨花石　2.3厘米×3.1厘米×1.6厘米
南京金陵雨花石珍品博物馆藏

▲丹顶鹤
雨花石　6厘米×4.4厘米×1.8厘米
南京金陵雨花石珍品博物馆藏

这种分类，虽有可取之处，但失之于表象，不能纵观某一石种的本质，所以收藏界只是作为借鉴，而未能形成气候。

六、雨花石的图案分类

雨花石图案是一种"天趣"，有其

不可知性，没有定式，通常来说，无法统计出它究竟有多少种类，但从收藏实践中，也可以大致分出一些眉目，有专家统计出大约40种。

缠丝状：纹如缠丝，萦绕石面，有的纹色均匀排列，也有的各色相间。

水波状：纹为波浪，舒畅自然，富有节奏感、流动感。

平行水纹状：在石之半截或两端出现平行水纹，俗称转子石，此类易出风景巧石，水纹横可成池水，竖可成瀑布。

丘壑状：如丘陵起伏，山势遥远，或峰峦重叠，远近分明。

烟雨状：水雾漾漾，如烟如雨，间有绿斑白纹，分外引人入胜。

星斗状：星星点点，闪闪烁烁，如夜空星斗，布满天宇。

荇藻状：白色或灰白色透明体内，丝丝缕缕，或青或绿或蓝，如荇藻浮动。

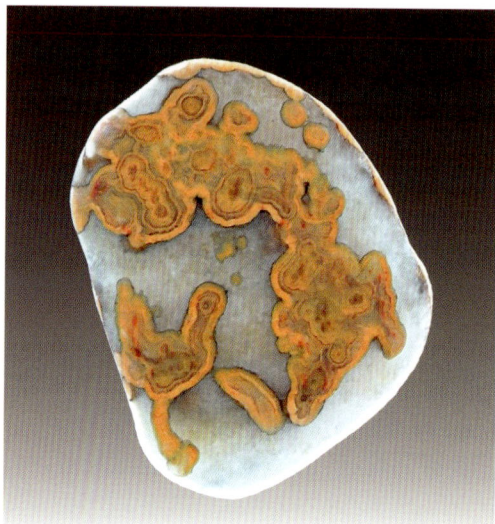

▲古树参天
雨花石　2.2厘米×2厘米×0.7厘米
南京金陵雨花石珍品博物馆藏

气泡状：内含粒状气体，仿佛散盘珠矶。

叶脉状：如树叶之脉络，线条流畅，自然成趣。

油层状：无数透明小圆珠，如油珠浮于水面。

同心圆状：无数同心圆，层层叠叠围绕于一个核心，故名。

丝纹折射线状：丝纹石极细者（一厘米，三线之上），可产生绢丝射线，如水与光在石中晃动，亦称"晃石"。

游丝状：透明体中，纹如游丝寓于石内，线条飘忽若有动感，实乃水晶中"发晶"之类。

黄鬃状：透明体内，有黄色线条纹，纹粗如鬃，实为水晶中之"鬃晶"。

鱼子状：石上布满黑点或红、白色点，状如鱼子。

蜂窝状：一格一格整齐排列，状如蜂窝，有黑色、灰白色、黄色，也有间杂红色，纯红色者稀少，较珍贵。此类一般均为珊瑚化石。

方格蜂窝状：如鱼子状一样密集许

▲鳄鸡相争
雨花石　3.1厘米×3.8厘米×1.5厘米
南京金陵雨花石珍品博物馆藏

▲国色天香
雨花石 2.9厘米×2.4厘米×1.3厘米 南京金陵雨花石珍品博物馆藏

多小点，但点子呈方形，此类多为蜓科化石。

直条木排状：横竖直条，横看似木排，多红黄石，这一般是珊瑚化石不同方向的断面，但观赏效果却别具一格。

单眼状：一圈一圈的单线圈，谓之单眼，素色单眼可以作景中的月亮，红色可以作景中的太阳。

复眼、重眼状：复眼是复线圈，重眼是多线圈，复眼、重眼多有复色，极具变幻，为配景之主纹。

支架状：线条相互支撑，坚劲富有力度，煞像设计师漫不经心描绘的建筑图纸。

虹彩水晶状：水晶卵石斜视产生"虹彩效应"，五光十色，撩人眼乱。这是水晶体的次生裂隙中填充了含有不同元素的液体或气体，较为珍贵。

闪光水晶状：指在水晶卵石中含云母片和赤铁矿，石中就闪烁着这些包裹体的亮光。

多色玉髓状：外观呈钟乳、葡萄状，质如蜡状、凝脂状，多白色、灰色，还有红、绿、黄诸色。

柏枝玛瑙状：石之晶体中有红色柏枝状花纹。有浮于石面者，有寓于石内者，以后者为佳。

城砦玛瑙状：缟状、带状玛瑙中，有棱角状构造，形如隐约可见的城廓。此种雨花石能出现长城关隘的景境，是藏家寻求的珍品。

竹叶玛瑙状：纹如竹叶，多黑色、黄色、红色，未见绿色，一般有叶无枝干，干、枝、叶俱全者为珍品。

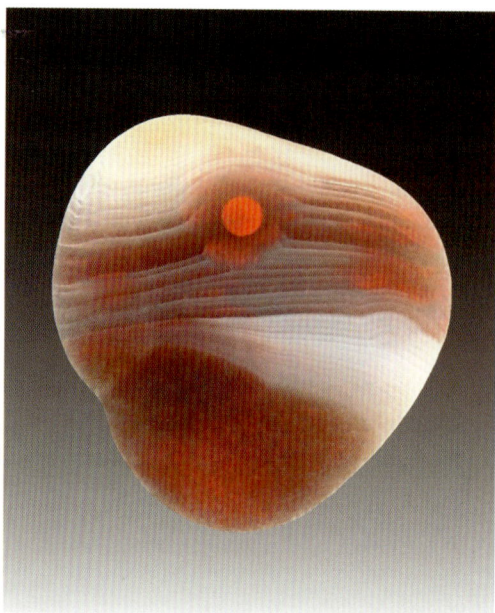

▲海上日出

雨花石　3.1厘米×3.2厘米×1.6厘米
南京金陵雨花石珍品博物馆藏

　　锦犀玛瑙状：五色交错、璀璨缤纷，犹如彩虹闪烁光彩，此类透者为佳。

　　单色蛋白状：蛋白石多单色，无纹。有黑、青、灰、紫、绿、红、黄诸色，有以白色为底色者，有无底色者，均称"单色蛋白"。

　　复色蛋白状：一般两色相间，佳者石形端圆，石心一色，石边一色，两者之间游移过渡，无明确的分界线，润感极强。

　　有纹蛋白状：蛋白石一般无纹理，

也有个别有简洁的花纹，多红色，纹理生在蛋白石质上，色感好，反差强，若能成像成景，应视为珍品。

　　杭菊花状：石上分布三五朵花，极似杭菊，经对照古生物图谱，也是珊珊化石之属。

　　菊花状：石上似开一朵红菊，两面纹理近似，一面一菊，我藏有此石，观赏效果较好。

　　红梅状：枝干横斜，梅蕊满校，红艳夺目，以层次分明，形端色妍者为上。

　　冰梅状：绿底白纹，如寒梅满山，如闻馨香，景境摄人。

　　腊梅状：金蕊满枝，依篱傍石，石白花黄，素雅怡人。

　　芰荷状：亭亭荷柄，荷叶如蓬，色多赭黄，多以"残荷听雨"名之，未见有绿荷者。

　　松香状：此为雨花石之一大类别，色质栗黄夹灰青，纹理间黄、黑、赭、白诸色交杂，俗称"松香石"，纹彩纷繁，引人迷幻其间。

　　碧玉状：色如绿色翡翠，白色或灰色底，布满点状或块状绿纹，亦称"石英质翡翠"。

　　砀石状：有色彩、纹理而不透明列于玛瑙、水晶范畴之外的彩石，谓之砀石。层次多，色彩好并成像成景者，亦有珍品出现。

雨花石的种类

按雨花石的矿物学特征科学分类，在雨花石姐妹中，比较珍贵的是雨花玛瑙，此外，还有水晶、蛋白石和玉髓等。

由于雨花石种类繁多，它的成因和化学成分极为复杂。以玛瑙砾石为例，它来源于雨花石原生玛瑙。一般认为，原生玛瑙是由岩浆的残余热液形成的。这种热液充填在火山岩，如玄武岩、流纹岩的空隙中，因空隙的形状不同，或成玛瑙球，或成玛瑙脉。经过自然力的作用，原生玛瑙脱落而出，再经过山洪冲击，流水搬运，磨成卵石。这就是我们所见到的在砾石层中的雨花玛瑙石。

按雨花石的矿物学特征进行科学分类，雨花石可分为如下种类。

一、石英岩雨花石

水晶、蛋白石及玉髓和玛瑙一样，

化学成分主要是二氧化硅，都是二氧化硅胶体溶液在不同温度和压力条件下形成的系列矿物，它们都属于石英家族，因此，在科学分类前，要先从石英谈起。

▲化龙丽地
雨花石　3厘米×4厘米×2厘米　杨维新藏

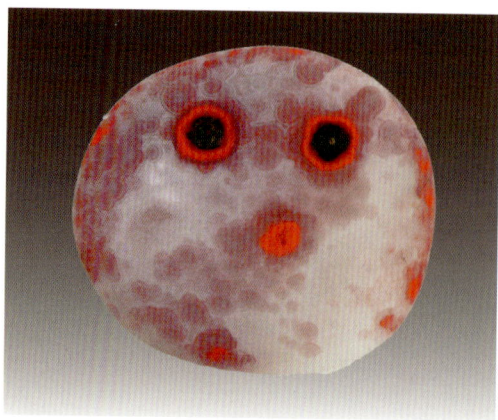

▲蜡笔小新
雨花石　6厘米×6厘米×3厘米　杨维新藏

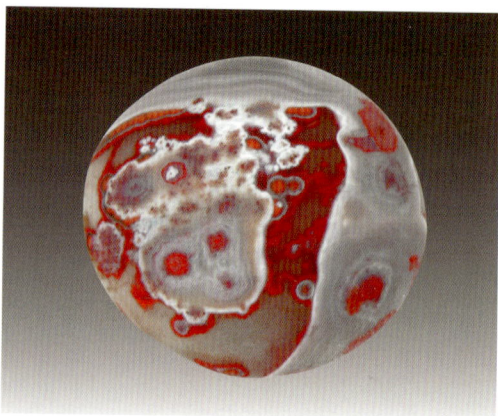

▲齐天大圣
雨花石　8厘米×8厘米×6厘米　杨维新藏
　　　获得全国首届奇石大赛金奖。

▲青溪九曲
雨花石　4厘米×4厘米×3厘米　杨维新藏

石英岩是一种石英含量大于85%的变质岩，具粒状变晶结构，即等粒状石英彼此之间紧密排列而成的一种岩石结构。石英是自然界最常见又是最主要的一类造岩矿物。一般自然界所见之隐晶质粒状和块状石英，为二氧化硅低温变体石英，三方晶系，透明或半透明，玻璃光泽和油脂光泽，通常为无色、黄白色和白色，有时因含有过渡元素杂质或混入矿物包裹体，或由于存在空穴色心而呈不同颜色品种。

石英岩主要由砂岩经区域变质作用而成，只有当它们中存在其他变质矿物而构成天然景观者，才可成为有观赏价值的雨花石。

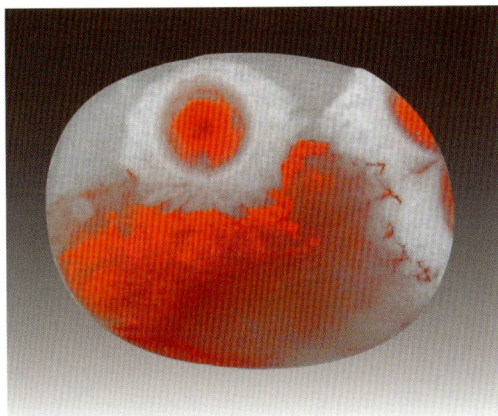

▲日出江花红胜火
雨花石　3厘米×3厘米×2厘米　杨维新藏

二、玛瑙雨花石

玛瑙是一种隐晶质石英。所谓隐晶质是指组成它们的矿物晶粒极细，用肉眼和放大镜是无法看到微晶颗粒之间的界线。

雨花玛瑙是雨花姐妹石中之佼佼者，其主要成分是玛瑙，她来自玛瑙而又胜于玛瑙。为了认识雨花玛瑙，首先要了解玛瑙。

1.玛瑙的形成

玛瑙主要是由火山作用期后的溶液通过火山岩中的裂隙进入火山熔岩的气孔和熔岩裂隙膨胀的空隙中沿其外壁向内逐渐沉淀结晶而成，因而火山熔岩气孔中充填的玛瑙常呈同心层状结构，熔岩裂隙膨胀空隙中的玛瑙常呈对称带状结构。由于在沉淀结晶过程中常发生溶液中微量杂质成分的变换，致使玛瑙出现多种色彩的纹带。

此外，早先形成的玛瑙在其后遭受地质构造活动的影响而破裂，还造成多姿的拼图现象。1978年在开挖南京秦淮河时，在铁心桥至西善桥的切岭工程中就揭露一套含玛瑙的玄武安山岩，玛瑙或呈杏仁体充填于这些中基性熔岩的气孔中，或呈脉体充填于熔岩裂隙膨胀空隙中。

这些含玛瑙的中基性火山岩易风化，其崩裂的碎块在水流搬运磨蚀过程中易剥蚀殆尽而将硬度较大的玛瑙残留河床中，这些玛瑙在河床中不断滚动、碰撞而磨圆，形成了珍贵的玛瑙雨花石。

玛瑙雨花石的利用史可追溯到距今5000多年新石器时代，我们的祖先就在南京这块古老的土地上开始了对雨花石的欣赏和崇拜。1954年在鼓楼区北阴阳营遗址出土76粒"花石子"，是目前发现有史证的最早的观赏石，其中主要是玛瑙雨花石。

玛瑙在古代常与珍珠齐名，常用"珍珠玛瑙"代表珍宝，这与当时尚未发现较多的玛瑙产地有关。

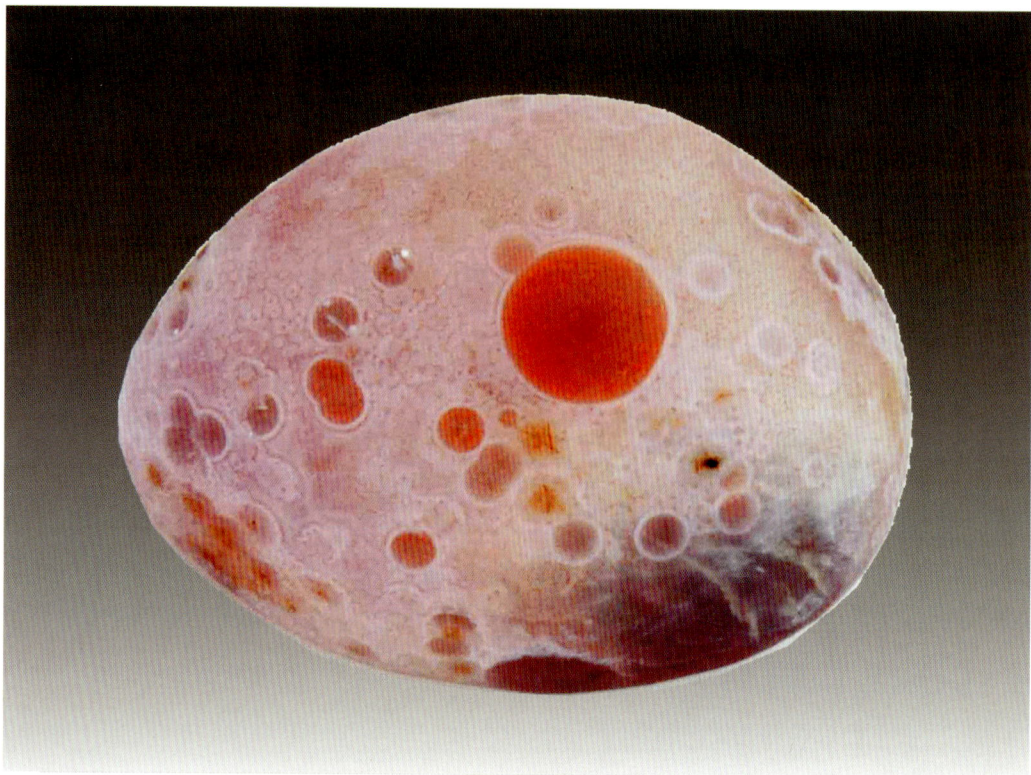

▲ 太阳系

雨花石　3厘米×4厘米×3厘米　杨维新藏

2.玛瑙的物理化学性质

玛瑙的产地不同，地质环境不同，其物理化学性质也不尽相同。玛瑙常以微透明状态出现，呈油脂光泽或玻璃光泽，摩氏硬度6.5～7，具纹带构造，其纹带常表现为同心层状或条带状，其中纹带较宽者称为带状玛瑙，当纹带很细如蚕丝者称为缠丝玛瑙，当玛瑙中含有铁、锰氧化物等杂质而形成状如苔藓者称为苔藓玛瑙，等等。由于玛瑙花纹多姿，色彩美艳，令人观之神往，引人遐想联翩。

玛瑙的化学成分，主要是二氧化硅（SiO_2），占97.93%，其次是氧化铁、氧化铝、氧化钙等，还有有机质混合物。

由于有氧化铁等杂质混入，因此玛瑙呈现出各种颜色。玛瑙在偏光显微镜下呈纤维状隐晶质集合体，排列成带状或成球粒状。

玛瑙质地细腻，强玻璃光泽，半透明，性脆，断口贝壳状。常见形状有块状、结核状、钟乳状、肾状、卵状等。产于砂砾中的玛瑙，有的具有外皮，有的无外皮。无外皮的表面光滑，如水冲之卵石；有外皮的呈土黄、灰白、灰黄等色，需经切割，才能观察到玛瑙。

玛瑙的颜色，与构成玛瑙的化合物色带有关。从无色到红、蓝、绿、黄、褐等色均有，有的还含有杂色。玛瑙的颜色以明快、鲜亮、纯正为好。

彩陶石雨花石

奇石收藏与投资丛书

QiShi ShouCang Yu TouZi CongShu

132

有的玛瑙具有特殊的光学性质，出现特殊效果——闪光，在抛光面上特别清晰明显。当转动其光面时，见到一条或若干条黑色影子游动，即闪光。闪光随视觉的变化而移动、变化，时宽时窄，对着光线转动石面，闪光处光影或大或小，确感奇妙。如有一枚雨花石，闪光处条纹，构成大象鼻子，仿佛大象在吸水，产生动感。因此，有人呼之为变石。当然，这种玛瑙变石，与宝石级如欧泊石、猫眼石、亚历山大石等闪彩变石不同。

玛瑙的裂纹，有炸裂纹、炸心纹和破裂纹。炸裂纹和炸心纹，是在玛瑙的形成过程中，由于胶体溶液的冷凝速度、结晶快慢等因素的变化而产生的。有的裂纹从中心向四周放射，有的裂在中心，有的中心无裂纹外层具有裂纹。破裂纹是玛瑙形成后，受到动力作用而形成的裂纹。裂纹对于玛瑙的利用和观赏是不利的。

雨花玛瑙中也有裂纹，当然影响观赏。然而，事物是相反相成的，如果裂纹裂得恰到好处，反而增加了观赏价值。

3.古人对玛瑙的论述

玛瑙，佛家称为"七宝"之一。《法华经》云：金、银、琉璃、砗磲、玛瑙、真珠、玫瑰为七宝；《无量寿经》云：金、银、琉璃、玻璃、珊瑚、玛瑙、砗磲为七宝；《般若经》云：金、银、硫璃、砗磲、玛瑙、琥珀、珊瑚为七宝。

三种佛经，七宝均有变化，唯玛瑙始终是七宝之一。

唐人陈藏器云：玛瑙原名马脑，赤烂红色，似马之脑，故名。马脑出西国

▲祖堂振锡
雨花石　4厘米×8厘米×6厘米　杨维新藏

▲拜年
雨花石　10厘米×13厘米×6厘米　杨维新藏

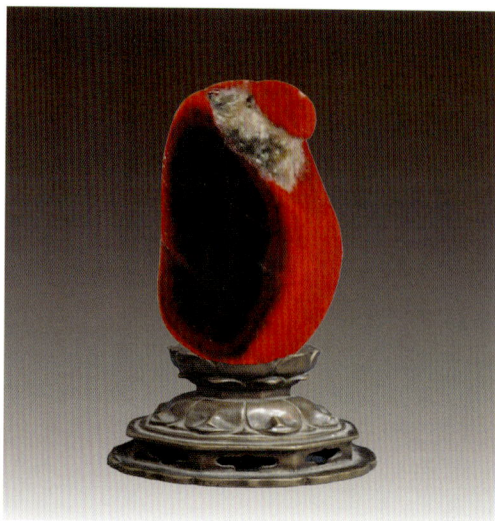

▲ 达摩面壁
雨花石　杨维新藏

▲ 达摩面壁（另一面）
雨花石　杨维新藏

玉石间，亦美石之类，重宝也。来中国者，皆以为器，又入日本国，用砑木不热者为上，热者非真也。

明人李时珍云：玛瑙，玉属也，文理交错，有似马脑，因以名之。马脑出西南诸国，云得自然灰即软，可刻也。曹昭《格古论》云，多出北地，南番、西番，非石非玉，坚而且脆，刀刮不动。其中有人物鸟兽形者，最贵。顾荐《负暄录》云，马脑品类甚多，出产有南北。大者如斗，其质坚硬，碾造费工。南马脑产大食等国，色正红无瑕……西北者色青黑，宁夏瓜沙羌地砂碛中得者尤奇。有柏枝马脑，花如柏枝；有夹胎马脑，正视莹白，侧视则若凝血，一物二色也；截子马脑，黑白相间；合子马脑，漆黑中有一白线间之；锦江马脑，其色如锦，缠丝马脑，红白如丝。此皆贵品。浆水马脑，有淡水花；浆斑马脑，有紫红花；曲蟮马脑，粉红花。皆价低。又紫云马脑，出和州；土马脑出山东沂州，

亦有红色云头缠丝胡桃花者；又竹叶马脑，出淮右，花如竹叶，并可作桌面、屏风。金陵雨花台小玛瑙，止可充玩耳。

古人对玛瑙的名称、来源、产地、特征、种类及用途等都有极为详尽的论述，当然由于时代的限制，是不可能从科学的角度解释清楚的。李时珍说的雨花台小玛瑙，即今之雨花玛瑙，只可充玩耳，具有观赏价值。

4. 玛瑙的名称与分类

自古以来，有所谓千样玛瑙之说。玛瑙的色彩、文理变化无穷，若问玛瑙有多少种，实在难于述说。今人对玛瑙的分类与古人对马脑的分类，大同小异。参照《宝石通论》和《新疆宝石与玉石》等书资料，分类如下。

按颜色分类：

红玛瑙、蓝玛瑙、黄玛瑙、黑玛瑙、白玛瑙、紫玛瑙、灰玛瑙，鬼面青玛瑙。

这里所说的每一种玛瑙，都是以其某一种颜色为主色。实际上单色玛瑙，较为少见，一般都间有他色，或呈过渡色。

按结构形态分类：

缟玛瑙：是一种具有平面层状，有黑白花纹构成的玛瑙。又名截子玛瑙。

绢玛瑙：是一种具纤维、条带状或同心带状玛瑙，形如绢丝锦缎，有的花纹由各种颜色组成。又称带状玛瑙。

缠丝玛瑙：是一种红白色缟丝相间犹如缠丝状的玛瑙。条纹或宽如带，或细如丝。在世界珠宝习俗中，将缠丝玛瑙誉为幸福之石，定为八月诞生石。由于缠丝玛瑙犹如脉脉之柔情，因而被认为是恋人相依、夫妻恩爱、和谐幸福之象征。

苔纹玛瑙：一种含苔纹状、树枝状包裹物的玛瑙；也有称作柏枝玛瑙的。

云雾玛瑙：一种条纹模糊成云雾状的玛瑙。

子孙玛瑙：在玛瑙内部由两期成矿作用形成的玛瑙。第一期形成的玛瑙与第二期形成的玛瑙的颜色、花纹，显然不同。

火炬玛瑙：是指条纹结构形态是火炬状的玛瑙，火炬条纹可由各种颜色组成。

麻菇玛瑙：是指玛瑙内部条纹的结构形态状如麻菇，条纹由各种不同颜色组成，粗细不等。

合子玛瑙：黑白相间称合子玛瑙，黑白混合称黑花玛瑙。

水胆玛瑙：玛瑙中空含有水者，胆大水多者为珍品，透明度越好越佳。

柴状玛瑙：玛瑙的条纹粗细不等，排列不齐，错落成柴状几何图案。

当然，这只是一般的分类。依据玛瑙颜色、纹理的变化，千姿百态，还可以分出好多种。

玛瑙中的这些颜色和结构，雨花石中均有；而且，后者比前者更丰富，更复杂，更具有表现力。

三、水晶雨花石

水晶，古人称为水精、水玉，无色透明如水。水晶多呈柱状晶簇产于伟

▲锦绣河山
雨花石　杨维新藏

▲金瓶梅
雨花石　12厘米×13厘米×6厘米　杨维新藏

晶岩或其他岩石的晶洞和裂隙中，常见的有几千克至几十千克，几百千克乃至千斤以上者亦有不少。摩氏硬度 7 ，透明，玻璃光泽。

水晶含有杂质，如铁、锰、锑等金属离子和自由硅，就会呈现出不同的颜色。无色透明的石英称为水晶，透明呈色者称为黄水晶（黄色）、紫水晶（紫色）、烟水晶（烟黄色）等，所以，按颜色分类，有紫晶、茶晶、烟晶、黄晶、蔷薇晶等。

如果水晶含有包裹体，按包裹体分类，有发晶、鬃晶、水胆水晶等。

雨花石中的水晶，几乎都是被磨圆后沉积于砾石层中的小块玻璃体，多为无色透明水晶，也有茶晶、发晶、鬃晶、紫晶的。

由于它们晶莹剔透，呈色者色彩温柔和谐，本身就具有观赏价值，当它们中包裹其他矿物而构成天然景观者，则成为雨花石中的佳品。

水晶常产于有充分生长空间的岩体或脉体的晶洞中，呈单体或晶簇产出，是由富含热水溶液达到过饱和时结晶而成。在水晶雨花石中偶见含液态包裹体者，是雨花石中难得的珍品。

四、碧玉岩雨花石

高度不纯的玉髓称碧玉，是一种含有杂质不透明的隐晶质石英。

碧玉岩是一种火山热液沉积成因的硅质岩，简称碧玉、碧石，它不是单一的矿物成分，主要由微晶石英、玉髓、氧化铁混入物等多种成分混合组成的硅质岩，含 SiO_2 可达90%，常与火山岩伴生。

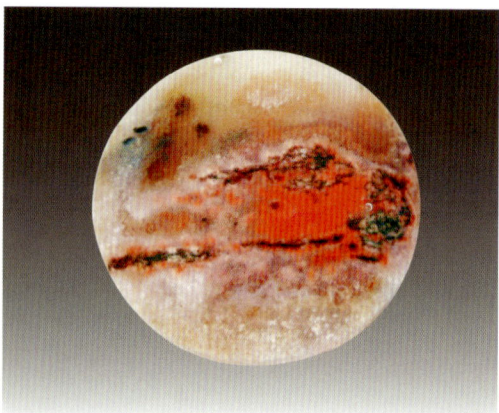

▲凤凰三山
雨花石　7厘米×7厘米×3厘米　杨维新藏

▲喜鹊闹梅
雨花石　4厘米×5厘米×3厘米　杨维新藏

碧玉因含氧化铁而呈红色和红褐色，含其他杂质呈绿色、暗绿色或黑色。我国玉石类名为肝石，绿色叫羊肝石。

碧玉岩其色虽有红、黄、青、绿等色，但常以单一颜色为主，当其在单一颜色的基质上出现不同色彩的斑点、团块或石英微脉的穿插而构成天然景观者，可成为具有观赏价值的雨花石。

玉髓和碧玉，雨花石中数量不少，

▲红枫
雨花石　6厘米×8厘米×5厘米　杨维新藏

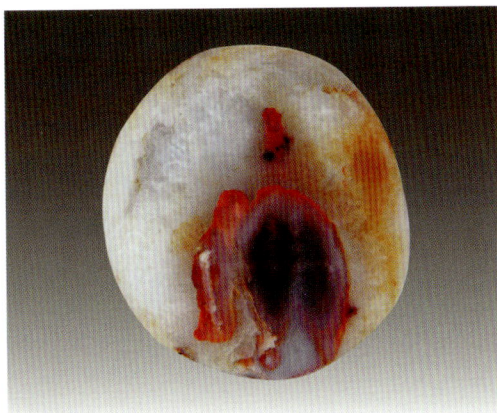
▲佛光
雨花石　5厘米×6厘米×3厘米　杨维新藏

因其色彩丰富，有的也可形成图象，具有观赏价值而被收藏。

五、玉髓雨花石

玉髓同样是隐晶质石英，它与玛瑙的区别是不具纹带构造。玉髓微透明至半透明，蜡状光泽，呈乳白色。如含有色素离子，就会出现各种颜色。摩氏硬度与玛瑙近似，颜色一般呈淡黄、灰白等色，偶呈红色（红玉髓）、绿色（绿玉髓）或绿色中夹红色斑点（血滴玉髓）者为珍品、佳品。

玉髓雨花石工艺上可进行人工染色，即用化学液剂进行加工处理，如红色用氧化铁，蓝色用铁氰化钾和硫酸铁，黑色和褐色用糖和硫酸，黄绿色用盐酸，深绿色用铬酸等。处理后的玉髓，颜色鲜艳，纹理清晰，是作首饰和工艺品的佳料。

玉髓在自然界较玛瑙为常见，因其成因不似玛瑙那样单一，除由火山期后富含低温热液形成于火山岩中外，亦见于温泉沉积中。此外，表生成因者，见

▲佛缘
雨花石　5厘米×8厘米×6厘米　杨维新藏

于岩石风化壳中，呈肾状、葡萄状等形态产出。所谓"葡萄玛瑙"，其矿物成分往往是玉髓，应称葡萄状玉髓。

玉髓和水晶不同，它不是结晶的，属于隐晶质石英。所谓隐晶质，就是结晶粒度非常微小，在一般显微镜下看不出，只有在电子显微镜下才可看到微小晶体。它是在相当低的温度和压力下，

由低温热水溶液中的SiO_2凝胶体沉淀形成的，所以玉髓常见于火山喷发岩的空洞中或低温热液经过的岩石裂隙中，在温泉中也可见到玉髓的沉淀。多呈纤维钟乳状、葡萄状块体产出，蜡状光泽。

六、蛋白石雨花石

蛋白石本质是属于非晶质的二氧化硅，并含吸附水，含水量一般5%左右，高可达20%左右，大部分是吸附水和间隙水。产于中新生代的喷发岩、沉积岩和火山温泉中。

根据扫描电镜测定，蛋白石内部存在着超显微球粒紧密堆积。由于球粒与球粒之间存在微空隙，使蛋白石能吸附水分子，其成分中高含量的吸附水即与此有密切关系。

蛋白石雨花石往往出现同心环状的不同色彩渐变的晕纹，微透明至半透明，呈现一种多彩的似透非透的朦胧美意境。蛋白石是富含水的二氧化硅凝胶脱水而成，常呈瘤状、团块状等形态产

▲鸿福齐天

雨花石　10厘米×16厘米×8厘米　杨维新藏

于火山岩或其他岩石风化带中。蛋白石雨花石在雨花石中并不多见，属于稀少的品种。

纯净蛋白石是无色的。由于含有色素离子，呈现出红、黄、绿、黑等多种颜色及其组合色。带色的蛋白石，俗称火蛋白。

蛋白石中由于含的吸附水和间隙水，受干后极易脱水，脱水后容易开裂。为了防止脱水开裂，需经常放入水中，保持水分。

蛋白石分贵蛋白和普通蛋白。贵蛋白在宝石学上称欧泊石，具有变彩效果；变彩效果越强烈，就越珍贵。普通蛋白石不产生变彩效果，但置入水中，光彩柔和，色彩艳丽，过度色均匀，质地细腻，极少数还会构成图象，极富美感，因而，深受收藏者青睐。

雨花石中蛋白石，多为普通蛋白石。

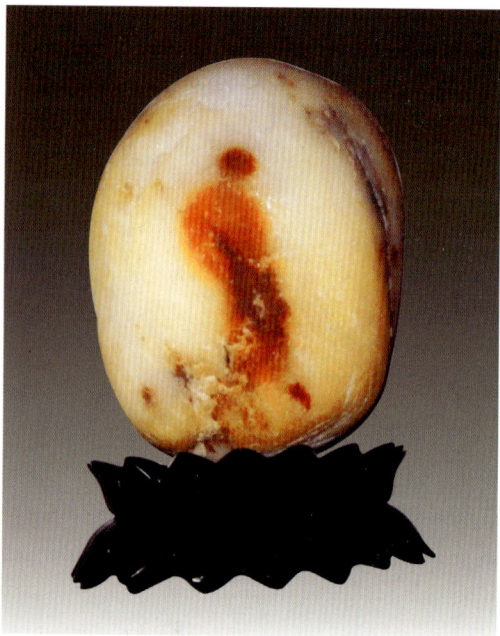

▲罐子

雨花石　4厘米×5厘米×2厘米　杨维新藏

七、燧石岩雨花石

燧石岩简称燧石，俗称火石，因相互敲击时迸发火星。主要矿物成分为玉髓和微晶石英，有时还有蛋白石。灰黑至褐黑色，古时金匠将黄金成品在燧石表面摩擦而留下黄金的条痕色，根据条痕色的浓淡可判断黄金的成色，故称试金石。

燧石是一种最常见的硅质岩，是一种致密坚硬具贝壳状断口的岩石。我国古代，用其断口处磨擦取火，俗称"火石"。传说中的燧人氏是人工取火的发明者，就是用的燧石。

燧石颜色多为灰色、黑色。在岩石中常呈层状、条带状、凸镜状或结核状产出。燧石岩是一种海相沉积成因的硅质岩，含SiO_2可达90%，常呈结核团块状、条带状或凸镜体状产于灰岩中。

按产状不同，分层状燧石和结核状燧石。层状燧石多半是在浅海条件下的胶体化学沉淀的产物。结核状燧石产于碳酸盐岩中，也可产于泥质岩中。

燧石结核的形状复杂，有球状、卵状、棒状、盘状、葫芦状及不规则状，结核大小不一，通常沿层理分布，排列成串珠状，也可切穿层理，后者多为成岩后沿裂隙充填形成的。

燧石在我国古生代地层中有广泛分布，如二叠系、石炭系等。燧石由于硬度大，可作研磨材料。

当燧石的黑色底色上出现局部黄褐等色斑点、团块、条带或白色石英微脉的穿插而构成天然景观者，可成为有观赏价值的雨花石。

鲕石，属燧石结构构造的一种，具鲕状或肾状结构，块状构造，有的能见到水平层理或交错层理，鲕粒由隐晶及细晶的玉髓或石英组成，鲕心常有碎屑石英。

八、脉石英雨花石

由石英块体组成的脉体中的石英称为脉石英，通常以乳白色的乳石英最为常见，其成因虽类同于水晶，但它们是

▲黄山
雨花石　16厘米×16厘米×8厘米　杨维新藏

▲栖霞胜景
雨花石　4厘米×4厘米×3厘米　杨维新藏

以块状集合体形态产于岩体裂隙带以脉状形式出现。当脉石英中含有其他矿物包裹体而构成天然景观者，可成为有观赏价值的雨花石，其中不乏佳品。

九、砾岩雨花石

砾岩是一种由粒径大于2毫米的浑圆状、次浑圆状砾石经胶结而成的沉积碎屑岩。砾岩雨花石的成分特征在于砾石及其胶结物一般均为二氧化硅成分。

当砾岩中砾石呈某种排列组合而呈象者，或不同色彩砾石呈某种搭配而呈象者，或胶结物呈某种形态而呈象者，均可成为有观赏价值的雨花石。砾岩雨花石俗称"石中石"。

十、硅化岩雨花石

硅化岩是指先前不论是灰岩、流纹岩、火山碎屑岩、构造角砾岩等各种不同岩类在其成岩后遭受二氧化硅溶液的交化，置换其原先的成分，即所谓硅化作用而成为二氧化硅成分的一类蚀变岩

▲一帆风顺
雨花石　26厘米×28厘米×18厘米　杨维新藏

的统称。它不同于硅质岩，如碧玉岩、燧石岩，因硅质岩的SiO_2成分是原生沉积成因的。

当硅化岩雨花石中能保留原石中的层纹（如硅化灰岩）、流纹（如硅化流纹岩），或保留原石中的褶皱、断层等构造现象（如硅化构造岩）等而构成各种天然景观者，均可成为有观赏价值的雨花石，其中不乏珍品、佳品。

如藏石家骆家刚收藏的一枚《皖南民居》雨花石，其原石只不过是一种硅

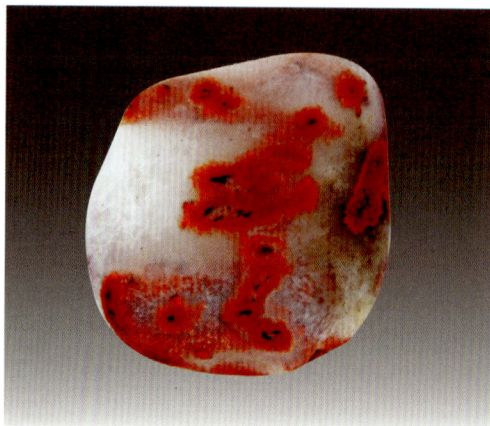

▲喜鹊
雨花石　3厘米×4厘米×3厘米　杨维新藏

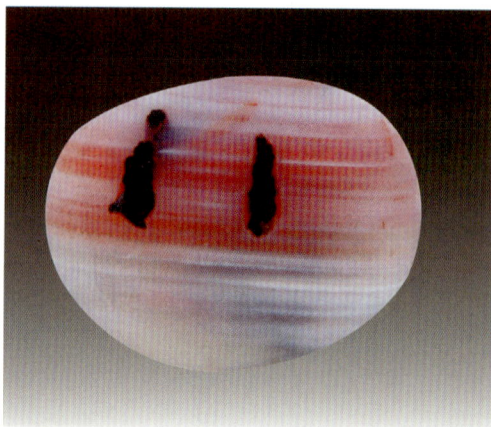

▲喜相逢
雨花石　4厘米×5厘米×3厘米　杨维新藏

化灰岩，由于保留灰岩中黑色薄层理和平行紧贴黑色薄层理的后期侵入的石英细脉，经断层作用发生垂直位移，致使黑色薄层理和白色石英细脉出现恰到好处的错位，构成一幅绝妙的黑瓦白墙的《皖南民居》，令人叹为观止。

在原石中由于构造作用所构成的天然景观于雨花石中，这种雨花石有人专称为构造岩雨花石。

十一、化石雨花石

化石是指保存在各个地质历史时期岩层中生物的遗体和遗迹。雨花石中能保留动植物化石的几率很低，其前提是含化石的原岩和化石本身均已硅化成二氧化硅成分。在化石雨花石中主要是硅化沉积岩中硅化灰岩等所形成的雨花石，而单个雨花石就是一个化石的情况罕见。

如果说地层是生物进化的档案馆，那么化石则是记载生物进化的档案。美国加利福尼亚州洛杉矶附近的兰乔来布拉，有个面积不过0.14平方千米的沥青湖，许多种古代动物，年复一年的曾在这里遇难掩埋，成了一座化石湖，保存成千上万件完整的化石标本，如今人们将上述生态景观复原，变成了洛杉矶市博物馆著名的汉柯克化石公园。通过对化石的研究，可以知道各个地质历史时期的生物进化过程、海陆变迁及气候变化等情况。

生活在古代的生物，并不是都能成为化石保存下来的。化石的形成，必须具备一定的条件和过程。首先，生物体内必须具备构成形状的钙和碳的化合物，如贝壳、骨骼、几丁质（性质同纤

▲梦幻
雨花石　杨维新藏

维素相似的碳水化合物与氨分子组合成的物质）；第二，生物遗骸能较快的被埋藏起来，以免风化或分解；第三，必须经过长期的石化过程，使生物遗骸与地层中碳酸盐类或氧化硅等化学物质经过物质交换，再经过成岩作用，方形成化石。

我国地域辽阔，自地球上有生物以来，几乎各个地质年代的生物化石都有发现，为研究古生物学和地质学，提供了丰富的档案。

南京雨花台砾石层的砾石，来自不同的地域和不同的地质年代，其中也有化石。早在1948年印成的《万石斋灵岩大理石谱》一书中就明确指出，雨花石中含有炭质为动植物遗体所成之有机矿物。

1986年江苏人民出版社出版的《雨花石》小册子明确指出，雨花石中有化石，还举了含有蜓科化石的硅化灰岩砾

▲**梅花**
雨花石　20厘米×30厘米×13厘米　杨维新藏

石的例子。1989年江苏古籍出版社与香港嘉宾出版社联合出版的《雨花石珍品集》，收有化石雨花石。

1990年4月建成的南京雨花石博物馆，陈列了雨花台砾石层中的化石。

多年来，在雨花台砾石层中已经发现的化石有两种类型：一是单纯的化石，一是经搬运磨圆而形成雨花石的化石。

据前人研究资料，雨花石中发现的动物化石有长身贝、小纺锤蜓、始史塔夫蜓、鹦鹉螺、早板珊瑚、海百合茎、菊石、腕足类化石、腹足类化石等。

植物化石有辉木、杉木、竹木、苔藓化石、单籽豆化石、硅化木和辉木化石等等。可能还有其他生物化石，还有待发现。

化石雨花石不仅具有观赏价值，而且对雨花石原石的形成年代的大致估算和原石来源的大致判析具有一定理论意义。

不同的化石，形成于不同的地质年代，属于腔肠动物门的珊瑚化石有好多类，是典型的海生生物，单体和群体都有，在古生代和中生代地层中有标准化石，有的珊瑚还延续至今。属于腕足动物门的腕足类化石，海生底栖，单体群居，自寒武纪至第四纪均有化石记录，此类化石在确定地质年代和恢复沉积相等方面有重要意义。

属于软体动物门的鹦鹉螺化石，自晚寒武纪开始出现，奥陶纪时迅速发

▲无题
雨花石 杨维新藏

▲ 无题
雨花石　杨维新藏

展，趋于极盛，到了志留——泥盆纪时开始衰落，三叠纪末期几乎绝迹，至今只留下一个属。

属于棘皮动物门的海百合化石，从古生代就有化石记载，一直延续至今。

属于植物类的辉木化石，形成于二叠纪中期。从爬行动物到哺乳动物，中生代到新生代以后的地层中均有化石。

上述各类化石，既有南京地区土生土长的，也有从外地搬运而来的。如硅化辉木，是从云南、贵州和四川三省的二叠纪中期（距今约2.5亿年）的峨嵋山玄武岩中冲刷搬运来的；蜂房珊瑚，是从湖北西部的志留纪早期（距今4.2亿年）地层中冲刷搬运来的。

雨花石中的化石为数不多，极少具有观赏价值，但却有保存和研究价值。

以上按雨花石的科学分类，仅介绍了雨花石矿物学上的主要类型，实际上雨花石的品种还有很多，其中有些尚待进一步确定其原石的岩石种属。

在雨花台组砂砾层中还产出地质成因很特殊的稀少石体，如太阳石，因其单体外部形态呈碟状，其表面的中心向周边放射出近于连续的纹线，状如太阳的光芒等。

雨花石中，除有燧石、鲕石外，还有蛇纹石、花岗石、构造岩石以及其他砾石等，均为粗石，具有一定的观赏价值。粗石中特好的，也有珍品和精品。

雨花石的收藏

在我国，雨花石的收藏已有千余年的历史，早在明朝万历年间雨花石就已声誉鹊起，集藏雨花石的风气就书已经形成。近年来随着经济条件的改善，雨花石的集藏热再度掀起，不仅成为馈赠来宾、亲友的高档礼品，也成为收藏投资者关注的一个观赏石品种。

雨花石生成艰难，收藏亦非易事。它不仅是财力、眼力、毅力和缘分的结合，收藏过程本身，也是对藏石人综合的考验。雨花石收藏界人士常说，人有多深，石有多深；石品反映人品，人品

▲ 边寨风云
南京雨花石　沈文惠藏

▲ 彩陶罐南
京雨花石　沈文惠藏

▲春
南京雨花石　沈文惠藏

▲春意江南
南京雨花石　沈文惠藏

决定石品。只有人石合一，才是藏石者最高的境界。

就收藏的艰辛而言，恐怕只有藏石人自己才能体味，雨花石得一常品易，得一珍品难，得一精品、绝品，更是难上加难。"一吨黄砂四两石，百吨石中无一珍"，由此可见一斑。所以，雨花石的收藏也要讲究方法。

一、雨花石的收藏史

雨花石收藏文化源远流长，美丽的雨花石被人们欣赏、收藏已有数千年历史。这从它的名字的变化就可见一斑。雨花石原来并不叫现在的名字，在漫长的历史长河中，雨花石的名字曾被称为六合石、五色石、文石、绮石、锦石、玛瑙石、江石子、雨花台石、灵岩石、螺子石等，如今主产地六合、仪征一带仍将玛瑙质的雨花石称作活石。

今日，古风复起，雨花石备受国内外人士青睐，成为馈赠亲友、欣赏、收藏的珍贵礼品。中华大地掀起了继明代万历年间雨花石收藏第一次热潮后的第二次高潮，"旧时王榭堂前燕"，已"飞入寻常百姓家"了。

1.雨花石收藏的源头

雨花石在这片古老的土地上默默地

▲江南春韵
南京雨花石　沈文惠藏

沉睡了数百万年，究竟在什么时候进入人类的视野，走进人们生活的呢？

据考古发现，雨花石的收藏文化源头可上溯到距今五六千年前的新石器时期。

1955年至1958年南京博物院先后四次对市中心鼓楼区北阴阳营文化遗址进行考古发掘，在出土的大量文物中，发现了新石器时代墓葬中的雨花石，即原始人玩赏收藏雨花石的证明，考古工作者从当初含在死者口中、陶罐里共发现了76颗雨花石。这些雨花石作为殉葬品，同玉器及生活日用品一同陈列于墓葬中。

这一时期的雨花石不少为雨花玛瑙，也许是作为宗教信仰和或者礼器被收藏使用的。在北阴阳营所发掘的雨花石中，有一枚穿了一全极细的微孔，也许是用以穿线而作佩戴使用。

可见，古人玩赏雨花奇石的年代远远早于有史料记载的春秋时期，这说明，雨花石是中华民族最早玩赏的美石之一。

对当时的文化特征、社会形态、殡葬制度进行考证还发现，当时"制玉工艺较发达"，"玉石和玛瑙装饰品丰富"，雨花石不仅是人们喜爱的赏玩品、装饰品，而且还作为财富的象征和"可能有原始信仰的用意"。

中国石文化在世界石文化史上独树一帜，不仅有旧石器、新石器时代以生产、生活用具为象征的广义上的玉石文化，有夏、商、周时代独具艺术造型的玉石文化，还有以尊崇完朴、观赏自然为主要内容的"观赏石文化"。

南京北阴阳营文化遗址发掘出的76粒"花石子"证明，早在6000年前，

▲山岚迎春
南京雨花石　　沈文惠藏

雨花石就已经作为观赏石走入人们的生活，堪称"世界第一观赏石"。

雨花石有"粗石"和"细石"之分，北阴阳营出土的均为"玛瑙质与玉髓质"的细石，粒径在3～5厘米之间，与现在出产及人们赏玩的雨花石无异。先民们在距今6000年的洪荒岁月里，生出"不雕不琢原石观赏"之创见，开辟我国乃至世界"观赏石文化的源头"，可谓意义深远。因此，将雨花石誉为"世界第一观赏石"，是实至名归的。

关于雨花石文化的历史渊源，随着时间的推移，学术界和收藏界也发现了越来越多的历史文化内涵。

2.唐以前的雨花石收藏

据说夏造璇宫，其所用石子是雨花玛瑙，雨花石用之于建筑以美化环境，这是第一次。

继夏之后雨花石在春秋时代已作为贡品进入宫廷。民间雨花石收藏在这一时期亦开始呈有先例："宋之愚人，得燕石于梧台之东，归而藏之，以为大宝，周客闻而观焉。"（《后汉书·应邵传》）。

春秋时不仅宫廷收藏，私家也收藏，嗜石成癖已经成为收藏雨花石的典型。

秦王朝一统天下，南京地区属楚地，所产雨花石自然在秦王朝搜求之列，燕赵之收藏、韩魏之经营、齐楚之精英，"鼎铛玉石、金块珠砾"，其中玉石、珠砾，必有由楚地而来的。楚之美石，雨花石自然为其一例。

唐人苏鹗《杜阳杂编》曾记有南齐潘淑妃"九玉钗"，上刻九鸾皆九色，石上天然镌有"玉儿"两字（"玉儿"为潘妃小名），工巧妙丽，天然生成。唐懿宗女儿同昌公主出嫁时作为陪嫁品伴随，从南齐到晚唐数百年时间辗转收藏，可知收藏雨花石在南北朝时即成风气，并一直影响到唐代。

爱石成癖，陈朝亦不示弱，曾将顽石封为三品，唐人爱石之风向士大夫阶层扩散，唐代李白、杜甫、王维等人诗文，均有咏石之作。

3.宋代雨花石收藏

南宋出现了第一部石谱《云林石谱》，为杜绾所作。该谱记载六合水中或沙土中出玛瑙石，颇细碎，有绝大而纯白者，五色，纹如刷丝，甚温润莹澈。

《云林石谱》中描写："江宁府江水中有碎石，谓之螺子，凡有五色，大抵全如六合灵岩及他处所产玛瑙无异，纹理莹茧石面，望之透明，温润可喜。"这是第一部记载石头的专著，亦是最早记述雨花石的石谱，灵岩石第一次进入历史之中。

南宋末年，大收藏家周密亦记载了他观赏雨花石的经过，对于雨花石珍品空青石作了最早的描述："红玛瑙一块，经三寸许，撼之其中，有声汩汩然，盖中虚有在内故也。"

空青石即水胆雨花，由此可见，空青石早在南宋便成为雨花石收藏的奇珍而被收藏家所关注。最迟在宋末，雨花石已开始脱离其他观赏石类，而成为独立的收藏对象。

据说，苏东坡喜爱赏石和《怪石供》一书开创了宋代以来的赏石之风。

继南朝梁代"云光说法"以后，

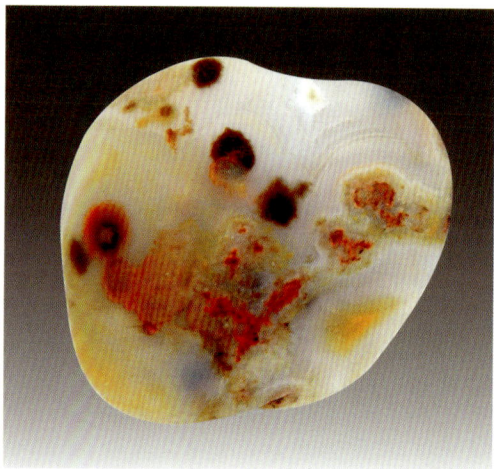

▲吃春图
南京雨花石　沈文惠藏

▲夏
南京雨花石　沈文惠藏

雨花石文化发展的历史线索渐次明朗起来。北宋中期，在退居江宁（今南京）的政治改革家王安石的《王文忠公全集》中，出现了以《雨花台》为题的诗文。

北宋末年，吏部侍郎卢襄正式为雨花台命名，都为雨花石文化发展史的研究提供了极其重要的信息和根据。

而对后世赏石产生直接、深远影响的则非苏轼莫属。他在贬谪齐安（今湖北黄州市）任上往往于江中"得美石，与玉无辨，多红黄白色，其文如人指上螺，精明可爱……既久，得二百九十八枚，大者兼寸，小者如枣栗菱芡……挹水注之粲然"，遂作《怪石供》《后怪石供》，对所集之石从质、色、形、象以及陈列、鉴赏进行了极为细致生动的描述。

苏轼慧眼识珠，善于发现的审美意识，令石界为之折服。正如雨花石收藏家张轮远先生所评："苏公一履斯土，竟能独具只眼、识拔石子于庸夫俗子之手，岂非癖石子者先进乎。唯苏公虽癖好，而所得则非灵岩石。"

但齐安石与雨花石乃同宗同源之物，如果不论其产地而称东坡为赏玩雨花石之鼻祖，当受之无愧。难怪乎明人冯梦祯在赏品雨花石时也发出"恨不能起长公于九泉，与之品石耳"的感言，更有清人宋荦因景仰东坡而自号西坡，并足及黄州觅石，而作《怪石赞》。

宋代赏玩雨花石始盛，还因雨花台的修建立名而渐成江南登临胜地的原因。人们于闲暇之时前往雨花台不仅可以寻古探幽，一寄情怀；返归自然，览江采风，尽享川谷之野趣；还可搜石觅宝自得其乐。加之文人墨客时以诗词歌赋竭尽文情渲染之能事，客观上提高了

▲夏日缤纷
南京雨花石　沈文惠藏

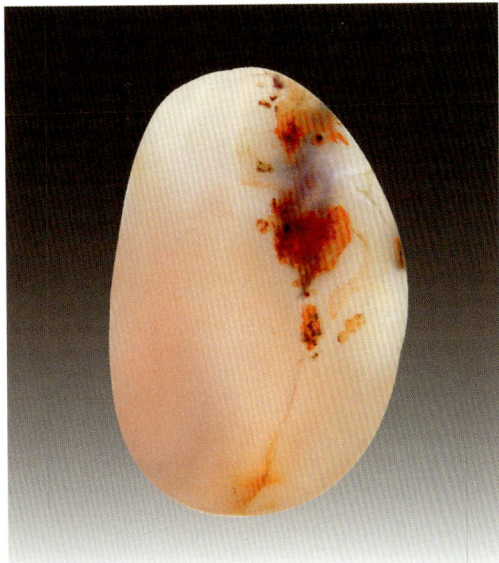

▲清水芙蓉
南京雨花石　沈文惠藏

雨花台的知名度，带动了雨花石赏玩活动的深入。

南宋绍兴年间"后东坡无几时"（张轮远语）的杜绾著就《云林石谱》，涉及六合及同类石八种之多，从而确立了雨花石在观赏石中的历史地位。

正如《万石斋灵岩大理石谱》云：

"若杜季阳（即杜绾）者，称之为癖灵岩石之第一人，谁曰不宜。惟灵岩石者，石中之尤物也。于宋代始著于世……兹遇季阳，当为我石庆矣。"

4.元代雨花石收藏

1260年，为南宋景定元年，亦即元代中统元年。

世祖登极，欲遍告天下，遣翰林侍讲学士郝经出使南宋，却被扣而囚于真州（今仪征市）长达十五年之久。

于是，郝经见雨花石遂嗜之，且为之作《江石子记》。此记几近千言，是一篇详实记叙雨花石的专文。后人所概括的质、色、形、纹在此已初见端倪。

由于其作者的背景特别，难免夹叙夹议。开头言其"在仪真与山川百物隔绝"，至文章后部则由推测雨花石的形成演变、宇宙幻化、世事更迭，而至身陷囹圄，壮志难酬的无奈。故眼下只能将雨花石"姑汲新泉恣为溅弄，坐视诸山之为石子也。"

金元时代，反映这百余年中雨花

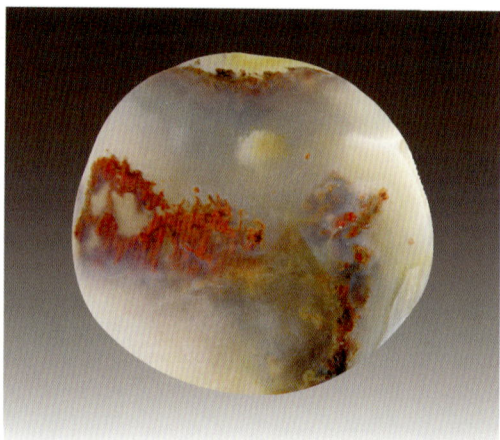

▲月巡千山
南京雨花石　沈文惠藏

石史的史料较少，但《江石子记》可谓是这个时期的经典之作，也足以说明人见人爱的雨花石连身处逆境的郝经都会"如获物外之奇宝，濯之以清泉，薰之以沉烟，置之盘盂内，而弄于明月之下"（郝经《江石子记》语）。连古人都视如珍宝，是绝不会默默无闻沉睡百年的。

5.明代雨花石收藏

明代朱元璋定都南京，这里成为

▲平湖秋月
南京雨花石　沈文惠藏

▲海上明月
南京雨花石　沈文惠藏

▲秋
南京雨花石　沈文惠藏

▲秋水伊人
南京雨花石　沈文惠藏

全国政治文化中心，出产于南京的"天赐国宝"雨花石晶莹如玉，图像天成，引起了文人雅士的瞩目。文人们赏石写石，并出现了雨花石交易，掀起了第一次雨花石文化热。

至明代万历年间，雨花石的赏玩活动呈现出盛况空前的热潮，表现在如下方面。

首先，赏玩的人数倍增。

早期南京先民们曾把雨花石作为财富的象征，到了明代，文人骚客和士大夫们则承前贤之遗风，往往以"官定旧陶，一盎清泉"陈列雨花石，作为案头清供，以求风雅，鉴赏兼得，且争相效仿，蔚然成风，一时涌现出很多藏家。

如《素园石谱》作者林有麟、侨居金陵的新安别驾程克全、《醉石斋记》作者冯梦祯、六合县令米万钟、《灵岩子石记》作者姜二西，以及时过从里中藏石诸家，甚至波及"新都"（今北京），足见此风之劲，玩者之众。

其次，赏玩活动激活市场。

再次，赏玩活动内容丰富，交流频繁，鉴赏水平大大提高，并留下了诸多史料。

在古城南京，民间有这样的传说：明太祖朱元璋六十寿辰时，宠孙朱允炆在盘子中用雨花石拼成"万寿无疆"四个大字，连同一个酷似寿桃的雨花石，作为祝寿之礼和盘托出，皇亲国戚、文武百官无不称奇，使龙颜大悦。朱允炆称帝后，对雨花石仍情有独钟，内宫案头，时有雨花石作供。

6.清代雨花石收藏

清代雨花石文化在前人推动发展的基础上，进入了平稳的过渡阶段。

此时"雨花石"之名登台亮相，开始"指名道姓"。

雨花石在不同时期有过不同的称谓，而见诸史料直呼其名的当属明末清初人徐荣的《雨花石》诗："天雨诸香下帝台，大同天子讲经来。尚留子石临江活，恰似房花向日开"以及藏石世家张岱的《雨花石铭》："大父收藏雨花石，自余祖余叔及余积三世而得十三枚，奇形怪状，不可思议，怪石供，将毋同"为最早。

▲江畔红枫
南京雨花石　沈文惠藏

▲冬
南京雨花石　沈文惠藏

　　朝廷官员、《桃花扇》作者孔尚任《六合石子》诗，凡三十二句五言十六韵，把雨花石之形成、来源、状态、鉴赏作了丰富的想象、剖析和描述。

　　大清第一石谱著者诸九鼎既是官员也是文人，也嗜石，广交各地石友，遍及西北关东西南等地。每到一处，寻石觅宝，乐此不疲，以寄情砺志赏心也。

日久天长，多有心得体会，遂作石谱并铭，也乃水到渠成之事。

　　一如为其写跋的著名诗人黄仙裳云："杨庵（诸九鼎字）为人磊落有骨，顾无他嗜好，行万里路，破囊累累，书卷外唯贮奇石作伴，每小憩而出以摩娑弄玩，谓赏心乐事，无逾于此。"

　　诸九鼎的《石谱》，记有藏石二十余枚，主要为长江流域雨花石一类的五色石子，个别来自西北等地，大多标明尺寸，述其特色并以赋赞之，也为后人所效法。

　　位居清画坛"金陵八家"之首的龚贤好石之深，爱石之切从其诗文中可见一斑："相逢顽石亦当拜，顽石无心胜巧人，作客十年魂胆落，归来约与石为邻。"其实他何止归来为邻，及至"归去"也是与石相伴的。

　　龚贤作古时，其友孔尚任亲理丧事，其所藏雨花石"均系上品……皆以为葬，湮灭不传。"

　　莲生作的《新都风物录·雨花石》，堪称雨花石文化史发展至清末民初的最全面的概括，其内容之丰富、描述之详实、文笔之细腻、语言之精练，皆不逊前贤。

　　莲生在文中记述的三件事使人耳目一新。文中明确雨花台市场的存在。此前只《灵岩子石记》载有"余履齿每及雨花、桃叶间，必讨其上乘者……""雨花"者应为雨花台，但对当时的市场状况并未能尽其详。此时在"雨花台石子岗之中腰，有筑草房居，门外几列售石子者。"

　　文中首次明确述及平民之辈也有爱石藏石者。明万历时是"贫者采卖以自给"，"贫士献琛，恐误厚直"，而今有"江宁织造衙门茶役李升藏一石，轻易不示人。一日为债追逼，出于万不得已，乃含泪割爱而求焉。"一衙役爱石且向人"索银三十两"。

文中还详实述及时人作伪的手法、题材、兜售的技巧和上当者茫然不知之态，极为生动传神。有一清末遗老游江南时听说雨花石神奇，便大肆收买，一时石贩尽数推出，门坎几近踏破。所得石中，较"奇"者有梗叶缠蔓的《子孙万代》、色同鹅黄贵品的《南极庆寿》、身首肢爪无一不备的《欧西雪鰲》。而一枚《幽春秘戏》的春宫图竟以四十元之代价购得。惜上述"概赝造物也。"

一部《石头记》（即《红楼梦》），今人争相说雨花。《石头记》的主人公贾宝玉"一落胎，嘴里便含一块五彩晶莹的玉来"。（甲戌成本第二回），今人以为，此称作"通灵宝玉"的就是雨花石。

理由之一是质、色、形、纹类似。《石头记》卷八云：此玉"大如雀卵，灿若明霞，莹润如酥，五色花纹缠护"，与史料对雨花石的描述如出一辙。而自古以来，南京具上述特色的石头唯雨花石与之相近，别无其他。

理由之二是，作者曹雪芹自幼在南京生活，至十三岁才离开，此后一直爱石咏石画石，祖辈也极为好石。所以说，曹家三代四人在南京居住长达六十年之久，连他们家掌管的江宁织造府的衙役都爱石藏石，文人雅士自不待说，而一代文学巨匠是不可能对此一无所知，而在作品中生造出一个"通灵宝玉"来的。

理由之三是，此玉的背景描写与

▲鹰栖梅桩
南京雨花石沈　文惠藏

古诗文对雨花石的描述极为相似。刘赓尧《雨花石》诗云："曾听生公来说法，娲皇补天是何年"，《石头记》诗云："无才可去补苍天，枉入红尘若许年。"

明华成溁《咏灵岩石子》云："君不见女娲补天几千秋，犹有遗石存山丘"，《石头记》诗云："只因锻炼通灵后，便向人间惹事非"，可谓遥相呼应。如今，江宁织造府西苑遗址——曹雪芹早年生活过的地方，考古发掘出黄石、湖石、瓷片、瓦当等遗存，或许有一天也能出现"通灵宝玉"的生活原型——雨花石。

乾隆大帝下江南，赋诗藏石留下了史话。

乾隆帝在位61年，曾六次南巡，南京乃必到之地。以雨花台为题的诗便有五首，如《雨花台口号》《戏题雨花台》等；在莫愁湖畔的景观石上刻有他"顽石莫嗤形貌丑，娲皇曾用补天功"的诗句。

1992年6月，在中国革命博物馆（现为中国国家博物馆）举行的《中国观赏石展》展品中，就有北京故宫博物院提供的乾隆皇帝赏玩过的四枚雨花石。其中一枚龙首毕现，出神入化，令人称奇，且为"真龙天子"所藏，给人印象很深。

7. 民国雨花石收藏

民国时期，雨花石的收藏研究进入了新的阶段。出现了有关雨花石的总结性的论著，标志着这一时期雨花石文化形态的成熟和完善。

二十世纪上半叶，中华民族灾难深重，列强侵扰、军阀割据、战火连年、社会动荡，却仍然有那么多人眷恋着金陵这片古老的土地，深深地爱着美丽的雨花石，其中南许、北张、天津王便是民国雨花石文化的杰出代表。

南许名泽初，别名问石（1897—1980），早年在金陵就职，晚年寓居上海。一生痴爱雨花石，以六十年的心血搜集精品达600枚之多，实属不易。文坛前辈郑逸梅曾为之写《藏奇石的许问石》。沪上同为雨花石收藏家的夏风曾

▲玉壶
南京雨花石 沈文惠藏

写《雨花台下雨花石》，记述应许之邀，亲临许宅赏石的趣事，传为美谈。

许泽初寻雨花石非得具备三个条件：麋鹿一样善跑的腿，逛马路的闲功夫，胜过犹太人的那份耐心。

许泽初还总结有四字秘诀：曰色、曰形、曰纹、曰逸。他的经验备受石界推崇。

天津王即雨花石收藏大家、河北雍阳人王猩酋（1876—1948），名文桂，字馨秋，中年易字星球，晚年更用猩酋，又号迟道人，别号净饭王，石器猿人，天津市武清县王庆坨镇人，世称猩翁，天津为其主要生活工作地。

王猩酋11岁入塾，一年读完四书，1895年赴天津县参试，在1500人中名列第九，第二年再试，为天津县学第八名，工书画，善考据，有着全面的文化修养。

王猩酋收藏追求画中有诗，追求难得一见的诗意的领会和画意的交融，追求心灵的欣悦和精神的默会、交流，认为在这些的基础上，情操自然得以提升和净化。

王猩酋乃北地人氏，却爱上南方的雨花石，也可以说是一种缘分，但彼此天各一方，能坚持数十年不改初衷，即使在日寇入侵后的1939年，仍不忘托人一次次在南京为其采石、购石、邮石，令人感慨不已。

北张曰轳号轳远（1899—1986），与王猩因同乡，与郑逸梅交往亦深。在天津南开中学时与周恩来总理同为国文老师张皞如的得意学生。

张轮远幼年在家乡由于受猩因先生的影响，对雨花石产生极大的兴趣，后被保送金陵大学，惜因水土不服改转北

154

大法律系。但对雨花石一往情深，虽身处燕北，关山多阻，仍利用各种机遇，终身不辍，存石3000余枚，并矢志为藏石立谱。

1979年，为了使自己毕生精心收藏的雨花石珍品，能够供更多的人研究、欣赏，更好的得以保存，他毅然割爱，倾箧捐献给地质部北京地质博物馆。

张轮远曾自撰联语"曾拥图书逾万卷，幸随顽石共千秋"，托吴郡哈佩先生书写悬于室中，可谓是其一生的写照。民国期间因诸多社会原因，雨花石资源极为匮乏。日寇占据时，石市萧条，往往"只一家售石者"，而"事变前，金陵城内贩石者数十家"。对于雨花石的赏玩者、研究者来说，这个时代是不幸的。

8.新中国雨花石收藏

新中国成立后，特别是改革开放以后，雨花石迎来了一个全新的辉煌时代。收藏研究雨花石的人越来越多。成

▲灵猴拜主
京雨花石　沈文惠藏

立了雨花石协会，建立了雨花石博物馆，出了专著，拍了电影电视。以雨花石为主题的邮票、磁卡、火花、烟标，不断出现并进入市场，雨花石以其丰富的文化象征进入人们的生活。

雨花石如此之美，如今中国及国外赏玩、收藏雨花石的人越来越多。1993年，中华人民共和国文化部拍摄了专题纪录片《雨花石》，1994年4月拍摄完毕后，译成了10种外语，用于我国各驻外使馆对外文化宣传及海外有关电视台播放，又一次掀起了"雨花石"热。

雨花石和人们的文化生活息息相关。新中国成立以后，尤其改革开放以来，雨花石在国内外展出数百次之多，三次赴日展出，被誉为"天赐国宝"，盛况空前。

走在大街上，我们可以看见很多以雨花石命名的街道、场所和商家。如"雨花路""雨花茶""雨花烟""雨花咖啡厅""雨花电影院"等。1956年

▲湖畔美景
南京雨花石　沈文惠藏

▲小淘气
南京雨花石　沈文惠藏

江苏文联创刊的文学杂志，刊名就为《雨花》，《南京日报》文艺副刊也名为《雨花》，更是和文学艺术直接联系了。

　　雨花石及雨花石工艺品，雨花石制成的建筑材料，在国内外畅销。雨花石甚至作为政府活动中对外馈赠的礼品，在国际文化交流中担当起了文化大使的作用和功能。

　　曾经一度，专家呼吁将雨花石定为国石，华东师范大学吴浩源说："国石要代表国家民族的精神风貌，要能和五千年古国文化、历史、艺术有血肉的联系。而雨花石即有这方面的功能。我建议把雨花石作为国石首选的一个石种。"

　　雨花石影响到我国文化艺术发展的诸多方面，是我国古代文化不可分割的组成部分。雨花石在文化、艺术、历史方面的地位，远非很多其他石种可以比拟。

黄河、长江是我伟大民族的母亲河。黄河石产自黄河，他古朴、气势宏大，足以象征我伟大民族的气魄。但雨花石的痴迷者认为，比之于出自长江的雨花石，黄河石缺少雨花石的内涵，雨花石的图象是小中见大，小中寓大，包罗万象，不是黄河石可同日而语的。

　　汉城奥运会上中国体育运动员将雨花石作为中国的象征之一永久存在汉城。我国还曾把雨花石赠送亚运会各国健儿作为幸运石，雨花石走向世界，得到大家的欣赏。

二、雨花石的三次收藏高潮

　　在我国，改革开放后雨花石收藏曾经历了三次高潮。

1.第一次高潮

　　第一次收藏高潮是在1984年以后，当时作为主要产地的南京成立了雨花石协会，雨花石文化在南京、六合、仪征和上海等地得到了广泛的传播。此时

▲红珊瑚
雨花石　2.4厘米×2.5厘米×1厘米
南京金陵雨花石珍品博物馆藏

▲红梅
雨花石　3.1厘米×2.7厘米×1.4厘米
南京金陵雨花石珍品博物馆藏

一枚精品雨花石成交价是几元到几十元，全国各地的雨花石收藏爱好者开始增多。

2.第二次高潮

1989年南京博物院举办了雨花石珍品展，首次展出了博物馆所藏雨花石出土文物，将雨花石文化上推到6000年以前，这在雨花石收藏史上具有重大意义，同时在北京第11届亚运会期间还举办了雨花石珍品展。

随后，江苏古籍出版社出版了一本《雨花石珍品集》，把雨花石文化广泛传播到全国。此时全国收藏雨花石的人逐步增加，一枚精品雨花石的成交价由几十元上升至几百元乃至上千元。

3.第三次高潮

1995年以后，南京又相继成立了赏石协会、雨花石文化研究中心、雨花石收藏沙龙等，省民间收藏研究会组织的雨花石到昆明世博会参展，不久文化部又摄制了一部雨花石电影，并用八国文字向海内外发行，雨花石文化得到了广泛普及，收藏雨花石的人数大大增加。港、澳、台的雨花石爱好者也不远千里，加入购石藏石者行列，起到了推波助澜的作用。

近十多年来，随着奇石收藏的不断升温，作为观赏石中出类拔萃的佳品雨花石，其身价也在不断上涨。一块3～4厘米"天女散花"图案雨花石，在2000年初的身价仅200元左右，但目前其价格早已跃升到万元之上。

雨花石文化的普及，南京各大公园门口如雨后春笋般地出现了许多雨花石摊位，全国各地大中城市的古玩市场也都有了雨花石的一席之地，雨花石成了深受人们喜爱的收藏佳品。但是其中真正有价值的雨花石毕竟是极少数，绝大多数雨花石都是不值钱的石头而已，这就需要广大雨花石爱好者慧眼识宝了。

由于雨花石的观赏性特别强，因此受到越来越多的藏家的青睐，近年来奇石市场的火暴，自然令雨花石的市价成倍攀升，尤其是一些专营雨花石的商家，更是赚得钵满盆溢，个别经营有道者的身价则从十年前不足十万元，快速迈入了千万元级别的行列。

此时精品雨花石价格由上千元被炒到几万元一枚，当时曾有一枚"东方红"极品蛋白石被卖到3.2万元，另一枚"天池皓月"极品玛瑙石被卖到5万元，有些特别珍贵的雨花石竟有人开价10万元乃至20万元。

近十年时间内，雨花石投资领域普遍存在着这样的神话：投资雨花石的人，除了极个别的外行以外，几乎都是赢家。

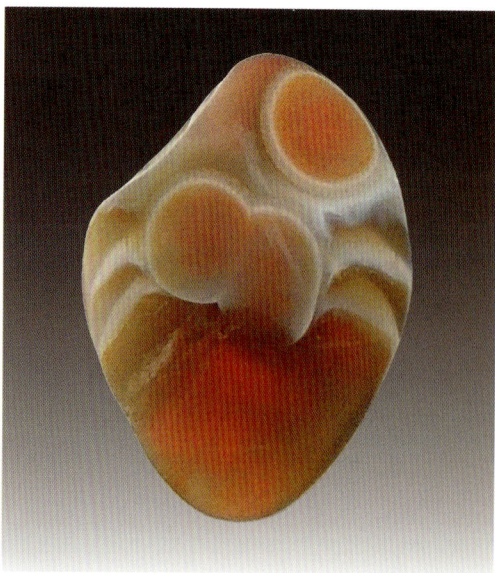

▲红蜘蛛
雨花石　1.9厘米×2.4厘米×1厘米
南京金陵雨花石珍品博物馆藏

▲湖光倒影
雨花石　3厘米×2.8厘米×1.2厘米
南京金陵雨花石珍品博物馆藏

彩陶石雨花石

奇石收藏与投资丛书

QiShi ShouCang Yu TouZi CongShu

158

三、雨花石的收藏价值

香港画家刘宇一曾说过一句话：雨花石存在着极大的经济价值，自然美是人工不可代替的，将来雨花石的名石可同宝石价值相媲美。

市场上能"玩"的石头的售价在一两千到一两万元之间。雨花石作为收藏品还未完全达到字画、瓷器等古董的层次。虽然雨花石的知名度很高，但它究竟好到什么程度，却并未有很多人知晓，很多人对雨花石的印象固定在旅游景点里几块钱一大把的小石子上。甚至有人看到形态逼真的精品雨花石竟怀疑是人工做出来的。

雨花石的收藏价值究竟在哪里？

1.石头本身的天然美

日月星辰、山川美景、花鸟虫鱼均可入石，绚烂的颜色、美妙的图案为其赢得了"石中皇后"的美名。国画大师徐悲鸿曾说："雨花石的颜色太丰富了，我要拜它为师！"

对于它的形纹，不同的人有不同的看法，画家的画只有一个命题，而它却可以有很多个命题。有千枚精品雨花石的收藏家戴宗宝为他众多藏品取名并配上诗，赋予了冰冷的石头以鲜活的意向和丰厚的文化底蕴，在他看来，雨花石是天人合一的艺术品。

2.历史文化底蕴

1955年至1958年，南京博物院先后四次对南京市中心鼓楼区北阴阳营文化遗址进行考古发掘，在出土的大量文物中，考古工作者还从当初含在死者口中、陶罐里发现了76颗雨花石。可见，自古以来，雨花石就是人们喜爱的赏玩

▲湖光山色
雨花石　2.6厘米×3厘米×1厘米
南京金陵雨花石珍品博物馆藏

▲湖畔翠柳
雨花石　2.5厘米×2.5厘米×1.5厘米
南京金陵雨花石珍品博物馆藏

▲花港观鱼
雨花石　2.7厘米×2.3厘米×1.1厘米　南京金陵雨花石珍品博物馆藏

品、装饰品。

　　古往今来，历代名人和文人都十分钟情于雨花石，苏轼、米万钟、梅兰芳、周恩来等均留下爱石佳话。

3.经济价值

　　雨花石是大自然上百万年鬼斧神工的产物，资源有限，件件独一于世，而那些能呈现具像的更是稀世珍品。

曾经有一个做雨花石生意的老板来到宝石王国巴西，赠送给一位巴西珠宝商一盒雨花石。没想到这一盒不过二三十块钱的雨花石，竟然让这位巴西珠宝商看得两眼发直，激动地说"这里的红宝石蓝宝石你随便抓"，可见雨花石的经济价值是可以与宝石媲美的。

四、雨花石的观赏方法

雨花石的赏玩活动内容丰富，观赏方法也多种多样，通过交流和观赏，收藏投资者的鉴赏水平可以大大提高。

藏石应常观赏，雨花石的欣赏应采用什么方法，前人归纳总结有雨花八法，今人有更多的方法。这些观赏方法可以说是流派纷呈，因人而异，从无定式。如何便于观赏，也是收藏者须知的，一般有以下方法：

1. 入水

雨花石表面有无数划痕或微孔，使石面如雾里看花。以水盂、瓷盘等注满清水并放入雨花石，由于折光作用，雨花石的本来面目在水中才得以充分显现。

据说，此法为东坡居士所创。他在《双石》一诗中有"汲水埋盆故自痴"之句。雨花石浸入水中方可发色，此尽人皆知。民谚中有：雨花石，砂中埋，雨不洒，花不开的说法，亦含雨花石需经水润之意。

应用何水，也有讲究。最佳为天落水，次为山泉，再次为川流，忌用井卤、热汤。水需一日一换，换水宜在清晨。宿水染尘，顿扫石趣。

2. 配锦

将不同色彩、纹理的石子配置成趣，叫配锦，也叫配碗。其要诀是形要

▲孔雀
雨花石　5.2厘米×4.3厘米×2.9厘米
南京金陵雨花石珍品博物馆藏

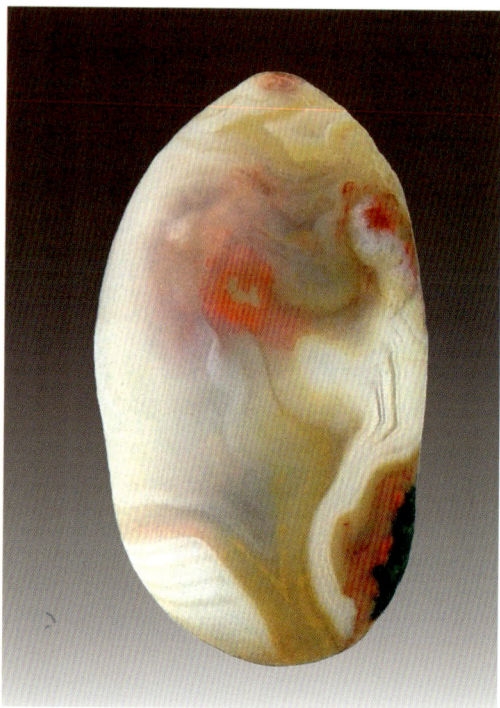

▲聊斋
雨花石　2.2厘米×3.6厘米×1.2厘米
南京金陵雨花石珍品博物馆藏

▲ 菱角花
雨花石　2厘米×4厘米×0.8厘米
南京金陵雨花石珍品博物馆藏

近似，纹、色要间隔。形似，特别是圆形或椭圆形之形，给人以圆润之美。纹、色相间，则给人以缤纷错落之感。

书斋供养，可用稍大的盆盂。如配以明清笔洗，更臻雅趣。还可以根据自己的收藏水平，配置成双碗、四碗、八碗的组石。

3.照光

有个别石子，照光比浸水更臻妙趣。池澄家中藏一石，粗看只是一朦胧黑影；迎光透视，素衣高髻，竟似李清照端坐石中。

迎光之法，选一个器口与石子相若的古董小坛，置石其上，置于窗前，举目可观，饶有别趣。

4.陈列

陈列的器皿和方法极为讲究，要么是古董，要么是官窑制品，大小多少都以不同器皿摆放。

5.雅名

雅名即对藏品命以雅名，名要与传统文化相结合，从典籍诗书中寻觅清词丽句，力求名符其"石"。

6.邀赏

邀赏即邀友共赏。家有宝物，供于案几，净室焚香，请来好友一起品评，或题名或赋诗，视为乐事。《灵岩石说》载，别驾程克全以"一石奴唱名号以见客"，可惜号多鄙俚，晦涩难懂，一时亦为笑谈。

通过邀友共赏，有助于收藏者鉴赏水平不断提高。邀赏过程中，言为心声，有感而发，留下了很多史料。

由于邀友共赏，交流增多，渐成共识，雨花石鉴赏上升为理论，指导赏玩。如孙国敉将雨花石分为三等，甲为不等贮之清泉，入手夺目，"此神品也"；乙为必待入水，若助其姿，只能"屈居二乘"；"必假磨琢，及其后天莹澈"者不能"以甲乙论也"。孙的标准扼要明了，与今无异。

7.佩挂

有的雨花石上有一自然生成的圆孔，如用红绳穿扣，佩挂于颈，则有祈年之意。

8.焚香

明代米万钟任六合县令时，常在书斋摆开宣德窑器作盛具，拭几焚香，邀客赏石。赏石分三部曲：先上几盘常品，后由石童一一捧献珍稀，最后自己从袖中亮出一博奇赏的尤物，常能震惊四座。

9.握游

清末民初，在南京、上海、天津出现过一个握游派。他们仿效米芾涟水袖石的遗风，选觅佳石，袖石握游，石不离袖，啸傲园林。

所谓一拳一栗之中，孕千岩万壑之秀，摩挲掌上曰相将，袖中常见烟云绕。

10. 磨光

磨光是对一些有瑕疵的石品，特别是一些有独到之处的石品，进行摩擦，使之变得光滑润泽。有人以人工或机器将雨花石抛光，去掉划痕或微孔。有些收藏家认为这种方法不可取，认为失去天然之态，有些藏家认为其实不然，认为抛光过程并不改变石之本来形态，抛光并非雕琢。

11. 上架

珍奇之石品，可陈列于精制的木架上，木架要按雨花石之不同形态、色彩而特别制作，有时可配诗句、铭文，倍

▲龙口瀑布
雨花石　4.2厘米×3.3厘米×1.7厘米
南京金陵雨花石珍品博物馆藏

感清雅珍贵。

12. 匣藏

特别好的珍品，应以锦匣收藏观赏。锦匣内衬以柔软丝棉，须知不同石色要以适当的色彩衬之，以突出雨花石之神韵，锦匣上应以透明玻璃为盖，以便人们观赏。

13. 殉葬

赏石活动的蓬勃发展、经久不衰，必然上升为文化形态，通过各种形式表达出来。上世纪30年代，天津王猩酋有与石同眠的雅趣，并谐称为"小殉葬"。他曾有句：世界正愁人太满，我先钻入石中游。

当年米万钟藏一石如柿。这枚美石与他的至宝七十二芙蓉砚一起，做了他的殉葬品。藏石界称此为"大殉葬"。古人此风，当然只可鉴知而不必仿效。

五、新手如何少走弯路

新手收藏投资雨花石，选择有多方面标准。收藏和投资雨花石，需根据其呈像分不同的等级，通常可区分为绝品石、珍品石、精品石和佳品石等品级，它们所表现出来的观赏性和价值具有极大的差别，尤其是绝品雨花石非常稀少，在市场上可谓一石难求，价格十分昂贵，个别绝品石动辄就是上百万元的价格，可谓一石含千金。

但这类高贵的雨花石，并非新手的首选。新手初入收藏想少走弯路，应从便宜的石头开始。在南京夫子庙淘宝市场，商铺标价为800元的雨花石，还价的空间很大，200多元就能拿下，商铺里

标价千元和万元的雨花石亦不在少数。所以对于新手来说，从便宜的石头着手可以少交些学费，然后按照"质、色、形、纹"四个要素去淘。

收藏投资雨花石，最重要的是要有文化底蕴，与收藏家漫谈、听讲座、观石展、赏画册都是提高鉴赏眼光的不错方法。

新手收藏投资雨花石，要学会判断和确定雨花石的价值，这需从以下几个方面来整体判断：

1.看质地

质地往往决定着雨花石的基本身价，晶莹剔透的雨花石常给人纯洁之感，莹润如酥的感觉自然造就佳品的出现。

2.看纹路

好的雨花石纹路应该具备细腻流畅、曲折多变的特征，这些直、圆、曲、旋的纹路一旦形成美仑美奂的图案，就会令其身价大增。上好的雨花石主要产余玛瑙石中。其丝纹石的纹理具有宝玉石中的"绢丝射线"折光，可随视线变动推移而发生变化，石头如同活的一样，被称为"活石"。反之一些纹路僵硬、毫无折光的石头就是"死石"。

3.看色彩

雨花石的色彩主要表现为五光十色，在斑驳陆离之间形成令人无限遐想的思绪，这天然形成的千奇百怪的图案，色彩是基础。

如红色会让人感受到太阳的抚慰，黄色令人感觉到富贵之气，绿色唤起人们的青春气息，在绚烂多姿的神奇图案中，就充满着欣赏的美感与无尽的幻想。

4.看呈像

雨花石中所呈景象十分关键，往往

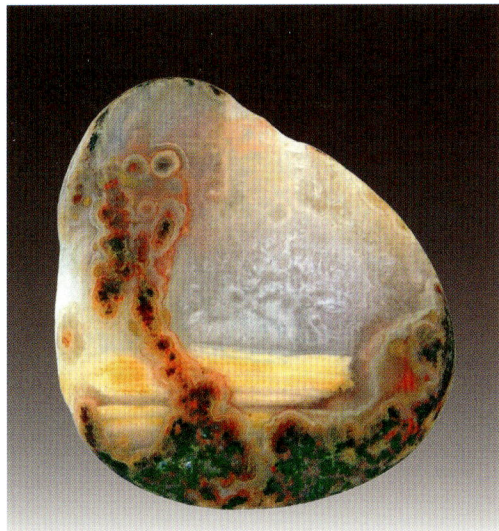

▲猫头鹰登枝
雨花石　5.2厘米×4.3厘米×1.6厘米
南京金陵雨花石珍品博物馆藏

▲梅林春晓
雨花石　7.2厘米×5.4厘米×2.4厘米
南京金陵雨花石珍品博物馆藏

▲ 明月松间照
雨花石　2.5厘米×2.6厘米×1.4厘米　南京金陵雨花石珍品博物馆藏

决定着最终价值，也是欣赏和收藏价值的主要体现。通常雨花石呈活灵活现的画面是非常少见的，尤其是画面包罗形似和神似两方面更为难得。所以，形神兼备的雨花石常常会使人交口称赞、流连忘返和百看不厌。

5.看形状

　　雨花石经过数百万年浪打水磨与地壳运动挤压后，形状主要表现为圆滑的几何形状，如扁圆、椭圆、鼓圆、鸭蛋圆等形状最为常见，一般而言，具有圆润之感，看起来自然舒服，摸上去顺手

的品种，就属于不错了。

　　由此，欣赏品评雨花石可以按质美、形美、弦美、色美、呈象美和意境美为标准，来厘定品级，尤其是石中呈像人物、动物、风景、花木、文字、抽象等图案历来为藏家所重视，也决定了一块雨花石的价值。

六、专题收藏之路

　　雨花石是天然产物，世上没有两颗完全相同，民间收藏的精品雨花石只有数千枚，目前总的趋势是收藏和投资精

品雨花石的人数逐渐增多，其价位也在逐步走高。

如何形成藏品特色，走专题收藏之路，可以提升藏品价值，事半功倍。

1990年，长春的邢先生在南京读研究生时，在雨花台发现了一块花纹极似一头牛的雨花石。没过多久，他又在一个卖雨花石的小摊上，花4角钱买来一块有着老鼠偷米图案的雨花石。于是，邢先生突发奇想："我为什么不把十二生肖都找齐呢？"从此，他便利用业余时间走遍南京附近的街街镇镇，寻找十二生肖雨花石。

10多年过去了，到2000年，邢先生已收集到了十一生肖，只差虎石还没有得到。就在这时，中国赏石文化研究所所长刘水得知邢先生在收集十二生肖雨花石，就拿出了自己珍藏多年的"虎石"，无偿送给了他。至此，邢先生成功收藏了整套十二生肖雨花石。

这套十二生肖天然雨花石每颗均有独特之处，赏玩价值极高，其价值无法估量，被人称为"国宝"。

雨花石收藏家唐家骅40多年前曾在钢铁厂工作，只因一次偶然的机会接触到了雨花石，从此与它结下不解之缘。涉足雨花石收藏的这40多年间，他早已记不清到底收藏过多少块石头，最终收藏到了60块"奥运雨花石"。这些奥运雨花石图案内容涉及拳击、足球、游泳、跳水等众多奥运会项目。

唐家骅第一次接触雨花石是在1962年，当时他在六合的一个工地散步，走到一堆沙子旁，竟看到了一些小块的雨花石。从此，他喜欢上了雨花石，到处收集雨花石。

1962年3月，唐家骅因工作调动来

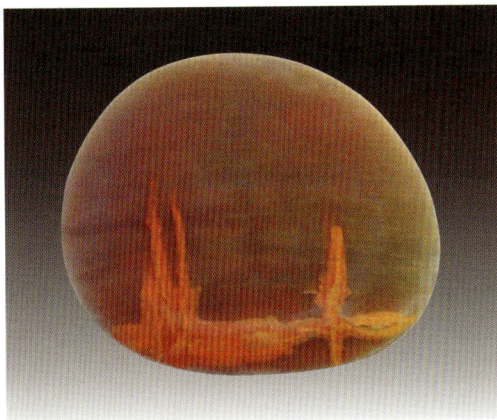

▲ 暮色渐浓
雨花石 2.6厘米×2.8厘米×1厘米
南京金陵雨花石珍品博物馆藏

到扬州，虽然仍坚持收藏雨花石，但苦于那时没有收藏品市场，很难找到一块心仪的石头。一吨黄沙四两石，这个石就是雨花石。那时候只能跑到工地捡石头。

1999年，唐家骅在古籍书店淘到了一本《雨花石谱》，开始真正进行雨花石收藏，只要有空就去仪征月塘收集石头。2002年开始，唐家骅的生活发生了转变，患有类风湿性关节炎的老伴毛淑勤一次意外跌倒，再也没能站起来。老伴虽然整日卧床，但每天必做的便是看雨花石。雨花石已经成了他们夫妻俩生活的一部分。

那会儿，唐家骅弟弟家生活困难，为了补贴家用，他卖了一些心爱的石头。当时他拿出1000多枚雨花石，虽然心里十分舍不得，但为了亲人能改善生活，还是决定把它卖了。

专题收藏是长期积累的结果，北京奥运会触发了唐家骅当初收集"奥运雨花石"灵感，这60枚带有奥运主题的雨花石是他花了10年心血得来的得意之

▲钱塘江
雨花石　2.6厘米×3.2厘米×1.4厘米
南京金陵雨花石珍品博物馆藏

作，为了辨认一块石头最像什么，常常要看上几天工夫。

专题收藏有时是突然的收获，唐家骅曾有三块石头，分别是"梅""兰""竹"，就缺了一枚"菊"，那次为补贴弟弟家用卖石头时，在不经意中发现了"菊"石，曾有专家开口赞道，唐老是收藏雨花石"梅、兰、竹、菊"文字石中国第一人。

第十一章

雨花石的真假鉴别

一、鉴真的前提是要认真

　　雨花石在地矿的存量本来就很有限，加上近十年疯狂的非保护性开采，导致现在的雨花石越来越少。以前到山下随便找找就能发现很多雨花石，现在几乎不可能了。所以现在的雨花石越来越贵了，物以稀为贵嘛。

　　因为珍稀，造假之风兴起，对于初步涉猎雨花石收藏投资的人，要十分小心，学会鉴别知识，有助于少交学费。

　　鉴真的前提是要认识真品，雨花石的真品具有如下特点：

1.石质

　　收藏雨花石的藏家常说，雨花石既属于玉石，又胜于玉石。从雨花石的质地来讲，相当一部分种类的雨花石，

▲虾趣

雨花石　1.7厘米×2.3厘米×9厘米

南京金陵雨花石珍品博物馆藏

▲相亲相爱
雨花石 5.2厘米×4.4厘米×2.8厘米
南京金陵雨花石珍品博物馆藏

▲小树多情月含羞
雨花石 2.7厘米×2.1厘米×1.4厘米
南京金陵雨花石珍品博物馆藏

如玛瑙质、玉髓质、蛋白石质的雨花石等，都应归于玉石类，其共同特征是玉质极为细腻、润凝，半透明至微透明，呈现似透非透的朦胧美意境。

如水晶质雨花石，包括无色水晶、黄水晶、紫水晶、烟水晶等系列雨花石，则属于"宝石级"雨花石。

宝石与玉石的区别在于宝石是矿物单晶体，而玉石是矿物集合体。玉石级雨花石既属于玉石又异于玉石。因为它的观赏价值是大自然赋予的，而玉石则需通过人工雕琢才能成为具有工艺价值的玉制品。

玉石级雨花石与玉石在质地上有着相似性甚至是同一性，但在纹理上则存在相反性。"纹"是构成雨花石中天然景观的关键因素，而在玉石中却成为严重影响其质量的瑕疵。

2.色彩

雨花石是一种天然的化石，就像琥珀，石头里面能看见很多自然的形状和颜色，现在能见较多的形状是条纹状，

颜色以黄红绿白居多。如果能有风景或人物的形状在雨花石里面，那么这将是一个价值连城，极为贵重宝贵的佳品，很难得的。

3.画面

画面是雨花石价值的重要标准之一，雨花石天姿国色，其石像中所呈现的人物、动物、风景、花木等图案与意境，更是其他姐妹石望尘莫及的。

画面好看的真品，有的灿烂如花，晶莹如玉；有的如泼墨山水，清雅端丽；有的如花鸟虫鱼、天然成趣；有的似仙女抚琴、飘逸如诗……一方小小的石头中孕育着天地万物大千世界，晶莹剔透，惟妙惟肖，呈现出大自然的鬼斧神工与造化之美。

4.形状

石头大家都见过，石头不可能有规则的形状，雨花石一般以非规则的椭圆形为主，厚度不一，总之一句话，自然的一定就是非规则的。从某种程度而

言，雨花石收藏价值的高低与人物、花鸟、动物、风景、植物图案象形程度而定。

5.硬度

雨花石的成分主要是二氧化硅，所以硬度极高，这正是石头与鸡蛋的区别。

6.重量

石头肯定是比较重的，拿在手上掂量掂量一般就能感觉出来。但有些假雨花石反而比真石更重，如萤石的比重大于雨花石，可掂量辨别。

7.透度

雨花石的基本特征就在于其石质呈半透明状，内中有水胆，有多年形成的天然沉积物，所谓"石孕天然万象，石呈大千世界"，其所呈现出的一幅幅内涵丰富、韵味悠远、意蕴深邃的画面，被誉为石中绝色，令人爱不释手。

而砾石的石质基本上不透明，也无间气。

一般藏家欣赏雨花石，往往按质美、形美、弦美、色美、呈象美和意境美等"六美"为标准，通常可分为绝品石、珍品石、精品石和佳品石等四个品级，其中以绝品石收藏价值最高。

二、假雨花石的鉴别

由于雨花石愈来愈受到国内外收藏家的重视，于是在集藏品市场，出现了很多假雨花石。

来南京游玩的游客总要买上一些雨花石带回家或送亲友，或自己把玩，因此在夫子庙、中山陵等名胜古迹，有不

▲小象表演
雨花石　2.8厘米×2.6厘米×1.4厘米
南京金陵雨花石珍品博物馆藏

少以出售各种雨花石为主的旅游纪念品商铺。而就在雨花石的产地南京市的街头巷尾，也出现了一些兜售假雨花石的现象，有害的萤石和普通砾石常会被用作冒充雨花石，虽然为数不多，但雨花石市场上这类赝品鱼目混珠导致新手屡屡走眼。

1.以人造玻璃和树脂造假

玻璃材质的东西容易碎，形状比较规则（比如球状），图案也比较规则，没有什么自然的痕迹。树脂假制的就更能分辨了，一般市场销售此类假冒的雨花石都是圆形透明薄片，里面有些图案，质地较软。包装是一张塑料袋。

2.以鹅卵石充当雨花石

这类假冒品种市场上常见，因为鹅卵石具有雨花石大多的特点，分辨此类品种主要是看色状，鹅卵石里面没有形状，一般是一团暗红或黯黑，所以鹅卵石不具有观赏价值，它只能当作石料

▲熊猫

雨花石　2.4厘米×3.4厘米×0.9厘米　南京金陵雨花石珍品博物馆藏

用，比如铺设公园里的小径，现在大多数的地区都能见到的。

3.有害萤石冒充雨花石

一些商家鱼目混珠，有的甚至用含有对人体有害成分的萤石来欺骗外地收藏者。

萤石又名氟石、五花石，由于萤石中含有各种杂质及机械混入物而呈紫色、绿色、蓝色、黄色、玫瑰色等，因此常常被误当做雨花石。但萤石的化学成分为氟化钙，对人体有害。

如何辨别萤石呢？其实，萤石比雨花石要重，细心的收藏者凭手感就可以分辨出两种石头的差别。

4.普通砾石冒充雨花石

雨花石的基本特征就在于其石质呈半透明状，内中有水胆，有多年形成的天然沉积物，而伪石的石质基本上不透明，一般经过人工打磨光滑后，再抹上一层薄薄的透明漆。

它们虽然也有光滑的表面和绚丽的花纹，但实际上仍是粗糙的普通砾石，

▲ 熊猫戏蝶
雨花石　4.4厘米×3.5厘米×1厘米
南京金陵雨花石珍品博物馆藏

只不过经过了机器抛光和加工处理，才具备了与雨花石颇为类似的外表。所以收藏者在选购雨花石时，千万要仔细辨认，以免上当受骗。

5.图案做假的赝品雨花石

精品雨花石完全出自天然，那些拥有奇妙图案的雨花石因难以遇到而显得尤其珍贵。正因如此，一些为了牟取效益的石商时常运用先进的技术手段在雨花石上做假，"做"出自己想要的图案来。

如一枚奇妙的雨花石，上面有一个栩栩如生的猴子图样，但小猴子的两个眼睛经仔细观察总觉得不对劲。后经行家指点才知，原来这枚石头得到时，只有猴子轮廓，并没有眼睛，于是作伪者用激光为猴子"点睛"，使得这块普通的石头立刻就提高了身价。

在南京周围的农村，就有人专门用特制的设备在雨花石上构造图案，将普通的石头"打造"成百年不遇的奇石来牟取暴利。

辨别这些少数奸商为了牟取利益在雨花石上做出的图案，有一句话就是：太像的反倒不真。

6.打磨抛光的雨花石

现在收藏市场销售的雨花石礼品盒，里面的石头大多是经过打磨抛光的，打磨是因为雨花石没有规则的形状，需要打磨之后能有个比较合适的形状，以适应人们的审美和便于装盒。抛光使雨花石的表面变的圆滑有光泽，并且需要置于水中保存。

当然，打磨抛光的雨花石没有天然雨花石的收藏价值高。

第十二章

雨花石的投资

　　雨花石的收藏投资和其他藏品的收藏投资一样，都是讲究投资技巧的。目前收藏投资的困境是，质、形、色别具一格的雨花石，基本上在采掘中已被遴选出，在交易市场上的价格不低。但投资的角度而言，永远是追求购买低价的品种，而最终可以高价卖出，所以这是个矛盾。

　　但无论如何，投资者不应该为了追求价格便宜而购买同等级的低档品，毕竟低档品的市场拥有量较多，今后的升值空间相对而言要小，而多花些钱购买同等级的高档品，今后升值会有较大的保证。目前的雨花石集藏者和投资者，大多是通过购买来实现雨花石的投资目的，这里面不仅需要丰富的专业知识，而且还要具备一定的想象力与灵感，因为最成功的投资是通过在大量低中档雨花石中淘金，最后实现慧眼识宝，价值翻番的目的。

　　研究雨花石的投资技巧需要涉猎多方面的知识，首先是对雨花石的市场状况的把握和对雨花石的市场走势的正确研判。

一、雨花石的市场状况

　　近年来雨花石的价格不断升温，业内已经传出"雨花石价堪比和田玉价"的说法。

　　十几年前，某台湾藏家花几十元、几百元一枚在南京收的一批雨花石，如今已经有人愿意出到几千元甚至几万元一枚了。如今75克重的普通雨花石都可以卖到5000元一枚；而具有比较好的色彩和画意的少于1万元买不到。

更为甚的是3厘米大小的雨花石精品甚至可以卖到7万元一枚。2005年，一位收藏家在南京清凉山一个石商手上淘到一枚质地、色泽和画意都非常精良的雨花石，后来一个天津的藏友看到后非常喜欢，在其强烈要求下，以6万元的价格予以转让。

雨花石最大的收藏市场在南京，作为"石城"南京的名片，雨花石的名气很大，可它的收藏热却在几经沉浮之后才再次转入佳境。

在南京市最大的奇石集中地清凉山奇石市场，有近百个展柜摊位出售雨花石，雨花石的价格从一元钱到几千元不等，身价高的独立放置在装有清水的碗中，身价低的就集中浸放在大水盆中，任人挑拣。每到周六，前来淘石者络绎不绝，奇石市场的生意也是格外的好。有的摊主一个上午就做了500元的生意，而有的摊主更是进账1000多元。

不光南京城里的市场一片火热，在雨花石的主产地南京六合区，周末也会有很多人专门开车前来淘石。据南京市雨花石协会会长戴宗宝估计，南京收藏雨花石的爱好者已有上万人，以开采、收购、加工雨花石为业的也有2万多人，同时，加入收藏雨花石行列的人还在增加。

1995年，金陵艺术品拍卖会上，曾有一组（4枚）含春、夏、秋、冬图案的雨花石，以5万元成交。

前几年在南京举办的全国雨花石专场拍卖会上，三枚雨花石当时的起拍价竟高达199万元，相当于一幢别墅的价格。这三枚雨花石，一枚上面有个天然的"中"字、一枚上面有个"国"字，另1枚雨花石上则有一幅中国地图。

近年来，雨花石的身价正因返朴归真潮流的带动，而身价渐涨。雨花石的升值效应是有目共睹的，随着人们生活水平的提高和收入的增加，雨花石身价上扬的速度也在加快，在上个世纪九十年代初，精品石的价格仅在百元左右，而目前升到万元的十分平常，20年来的升值率在100倍左右，近10年来，雨花石的身价也平均涨了10倍。

尤其是随着奇石投资为市场所重视，雨花石价格上扬速度更是快马加

▲世外桃源
雨花石 3.6厘米×2.9厘米×1.9厘米
南京金陵雨花石珍品博物馆藏

▲松鹤长寿图
雨花石 2.5厘米×1.9厘米×1.4厘米
南京金陵雨花石珍品博物馆藏

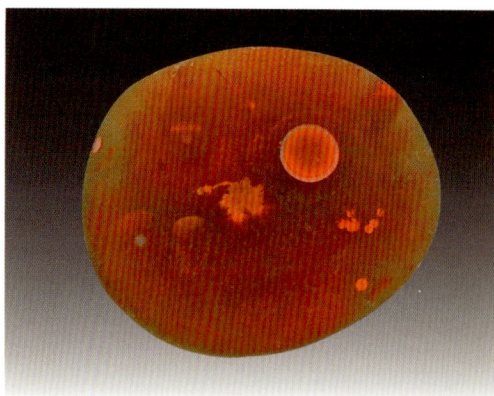

▲太阳系
雨花石　2.8厘米×2.4厘米×1.2厘米
南京金陵雨花石珍品博物馆藏

鞭，迄今在南京已形成了真正热浪，但尚未在全国引发熊熊烈火，总体说来，雨花石的投资依然处于起步阶段，其投资空间依然潜力不小。

雨花石总体上处于不太贵的市场状态，但品质上等的石品还是引人注目的。因此，从这个角度去审视雨花石的后市发展，小巧玲珑而美不胜收的雨花石投资依然处于发展阶段，不过，只有质、色、形、纹都很优秀的雨花石才算精品，才有较大的升值空间，而寻找这样的精品是可遇而不可求的。

雨花石之所以这些年价格不断持续上涨，其中原因还是其产量在逐年大幅下降。一方面六合地区的砂矿量本身就在减少；二来为了保护环境，政府也开始对雨花石的砂矿开采进行控制。目前只有20多个砂矿能被开采，而1吨砂矿里只能找到1~2枚雨花石，其中品质好的就更没有了，最多1枚。而1000枚中才能选出1枚无论是色彩、画意还是趣味性都称绝的精品。

雨花石的投资，融投资与集藏并举、感悟与欣赏同在，通过把玩雨花石，会让玩家深刻领会大自然天工造物的情趣与乐趣。

二、农民靠雨花石致富

2008年，南京六合的横梁镇一位农民从山上拣到一杯口大的雨花蛋白石，就被人以8000元高价买走，从此很多农民加入了收藏雨花石的队伍，甚至还有人开发雨花石产品，将雕刻工艺用在雨花石上，围棋、象棋等产品渐渐走进市场。

村民李立金藏有一颗"福寿余年"雨花石。这枚雨花石长6厘米，宽4厘米，红、黄、白三色构成主体色，石上，一只红色的千年老龟昂首浮游，激起一圈圈水波，龟的上方一条鲤鱼？在水中嬉戏。这枚精品石是李立金8年前在村口无意中发现的，后来很多人要买，他一直都舍不得转让。

50岁的孙龙，虽是个土生土长的农民，但在雨花石收藏界却小有名气，他自己办了个藏石馆，1000多枚精品雨花石盛在白色小碗里，整齐地摆在展架

▲天安门
雨花石　2.2厘米×3.3厘米×1.2厘米
南京金陵雨花石珍品博物馆藏

▲天池
雨花石　3厘米×2.6厘米×1.2厘米
南京金陵雨花石珍品博物馆藏

▲天台仙境
雨花石　5厘米×4.3厘米×2厘米
南京金陵雨花石珍品博物馆藏

上，透过清泉，雨花石光滑圆润，五彩斑斓、晶莹剔透的身躯呈现在眼前。

孙龙20多年前，放弃木匠手艺，和村里许多人上山淘石卖石，做起了雨花石生意。时间长了，他对雨花石有了了解，时常发现一些名品，他家也成了许多收藏爱好者淘石的一个据点，可渐渐的孙龙感到一颗颗美石通过自己的手卖掉，总有一种说不清的牵挂。

他感到雨花石是一种资源，卖一颗少一颗，特别是一些精品、珍品有时一年也很难找到一颗。孙龙前10年的雨花石都卖了，现在收藏的是近10年从村民中收购来的。这些年，孙龙收藏石头花去了10多万元，让一些精品珍品留在了家乡。其中一颗名为"喷薄而出"的雨花石曾有藏家要出30万，他都没卖。

这块"喷薄而出"石头大小约四五厘米，石顶一团红色就像从海平面升起朝霞，令人回味无穷。

如何让普通的雨花石成为石的宠儿、收藏者的最爱？方山村青年杨斌作为横梁玩石的后起之秀，利用雨花石的天然纹理、色泽、形状和雕刻的巧手工艺，赋予雨花石新的生命。

杨斌为了雨花石，毅然放弃初具规模的事业，决心开发高档雨花石礼品。为此，他将自己新建的1400平方米商业用房，改建为"横梁雨花石馆"，搜集散落在村民中的雨花石精品在馆中展出。

他还整理出大量雨花石资料、图片，使游客在欣赏雨花石的同时，又了解雨花石的历史文化背景。为了让雨花石像和田玉一样成为人们喜爱的饰品，他又投资60万元引进设备，从事雨花石高档工艺品、首饰、雕刻的研发。

一枚几块钱的石头，根据石头本身的色彩纹饰，被巧雕成"三羊开泰"，最后被人以6000元买走。像这样让普通雨花石通过巧雕来增值，已成为横梁人的共识。

杨斌还特地注册了"杨记牌"商标，填补了雨花石珍品稀少的缺陷，使得过去十几元一斤的普通雨花石一下子实行按颗论价，平均每枚达300多元，同时，他还开发了雨花石象棋、雨花石围棋等休闲礼品。

三、市场购买要当心

收藏投资雨花石除了有购假的风险，还有在收藏市场购买被骗的风险。

一位藏家在网上揭露了市场购买雨花石时遭遇的骗局——

他说，一次到南京出差，晚上慕名来到夫子庙游玩。他从小就在课本里知道了雨花石，一直喜欢雨花石，并对它寄托着美好的感情。这次到南京，除了参观几个著名景点外，抽出专门时间到夫子庙的店铺，去买我心仪已久、向往已久的雨花石。

他在夫子庙门前一个很显眼的店铺里，不顾别人催促，用了将近半个小时，精心挑选了30多颗雨花石，去找旁边的售货员。售货员给了他一个精致的彩色小丝袋，帮他把雨花石装好，然后对他说："东西先放在这里，你到前面去结一下帐。"

结账回来，这位藏家拿到雨花石，很兴奋地回到了市内的旅馆。第二天一早，我就要离开返程了，他把这些雨花石精心包装好，装进了贴身的背包中。

第二天，当他在返程的车上，满心欢喜的打开袋子时，出现了戏剧性的一幕：袋子里最漂亮的几颗雨花石没有了，其他的一半都变成了丑陋的小石子。

▲ 艳阳天
雨花石　3厘米×2.6厘米×1.3厘米
南京金陵雨花石珍品博物馆藏

▲ 一半青山带夕阳
雨花石　4.2厘米×1.2厘米×1.1厘米
南京金陵雨花石珍品博物馆藏

▲ 渔舟唱晚
雨花石　2.4厘米×3.8厘米×1.4厘米
南京金陵雨花石珍品博物馆藏

回到家乡，他气愤之极，当时因为忙于工作，很长时间没有想到通过网络来揭露这件事，只是把那个小袋子保存着，后来有一天，看到了那个惹人生气的小袋子，一气之下把它丢进了垃圾桶。

直到有一天，一位朋友到南京，他和她说起此事，才想到通过网络揭露这件事，希望到南京购买雨花石的藏友们，要提高警惕，千万不要再上当。

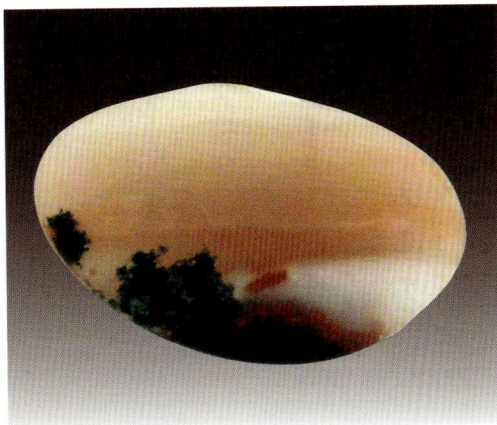

▲轻舟已过万重山
雨花石　2.7厘米×1.8厘米×0.9厘米
南京金陵雨花石珍品博物馆藏

四、四大要素和六美

什么样的雨花石收藏投资升值空间更大呢？质、色、形、纹，是收藏评判雨花石的四大要素，越是贴近这四大要素的雨花石，其投资升值空间越大。

雨花石是花形的石，是石质的花，成分有玛瑙质、蛋白质、石英质、水晶质等，质地种类众多，在玛瑙、蛋白、水晶、玉髓、粗石等，玛瑙质和蛋白质为上，玛瑙质雨花石是雨花石中佼佼者，而尤以带有光晕感的蛋白质地为最上乘。

颜色艳丽的并且对比度高的为佳品；雨花石在水中经历冲刷，如果质地不好，就会粉身碎骨，由于端圆扁薄的雨花石比较难形成，因而更显珍贵；纹是四要素中最为重要的，是雨花石的"灵魂"，若由丝纹、色块构成的图案十分形象，则可弥补前三者要素的缺陷，纹案尤以人物和动物形态为稀少。一般说来，这四个要素达到的程度越高，石头图案越形象，则升值空间越大。

雨花石以其纹奇、色艳的自然美感著称于世，它的圈纹由自然生成时产生的空隙演化而成，蓝者为铜，紫者为锰，并由其含量多寡，呈现浓淡、深浅的颜色变化，使这美丽的小石子呈现丰富的色彩与图案。

除了四大要素标准，收藏和投资雨花石还根据呈像分不同的等级，按质美、形美、弦美、色美、呈像美和意境美"六美"的标准程度拟定品级，通常可区分为绝品石、珍品石、精品石和佳品石等品级。它们所表现出来的观赏性和价值具有极大的差别，尤其是绝品雨花石非常稀少，在市场上可谓一石难求，价格十分昂贵，个别绝品石的价格在上百万元。

如雨花石收藏家戴宗宝十年前购得的"阿诗玛"，当年捡到此石的农民报价3000元，在当时可是高价，五年无人敢问津，戴宗宝看像极了阿诗玛的侧面剪影，借钱买下了这块"阿诗玛"，十年增值十倍都不止。

如今，在上述四大要素和六美的基础上，具备奇、巧、灵的珍品与精品雨花石开始成为雨花石收藏新标准。

▲秋光十色
雨花石　2厘米×2.3厘米×1.5厘米
南京金陵雨花石珍品博物馆藏

　　如一位雨花石收藏爱好者收藏了一枚看似平淡无奇的雨花石，粗看不起眼，但仔细观察后，却发现石上盘着一条栩栩如生的蛇，原来这是一块难得的蛇化石。

　　一些粗看纹理表现平淡的雨花石，如果能够从不同的角度仔细揣摩，往往会发现让人惊奇的图案、文字等，而这些就是体现雨花石观赏价值的切入点，也是体现品级与价值的重要方面。

五、收藏要追求珍品

　　收藏要追求珍品，那些著名的收藏家都是以珍品而引人注目的。如在南京藏石界，提起南京金陵雨花石珍品博物馆华红喜，行内的人没有人不竖起大拇指的。藏界人都说，在南京，数他家收藏雨花石的历史最悠久，珍品最多。

　　华红喜家世代都生活在南京。打从祖上收藏雨花石起，到华红喜这一代，

已经是第五代了。现在，华红喜年仅二十多岁的儿子也和爸爸一样，也加入到玩雨花石一族。

　　为了收集雨花石，华家吃了不少苦。文革时期破四旧时，华家被抄了家，家里的上千块雨花石珍品还差点惨遭毁坏。幸亏华红喜当时急中生智，把雨花石放进一个坛子埋在地下，才使它们幸免于难。

　　几十年来，为了能买到好的雨花石，华红喜跑了无数趟的六合。由于雨花石的独特的绚丽色彩只有在水中才能显现，所以，下雨天是找雨花石的最佳时机。往往是一听天气预报要下暴雨了，华红喜就赶紧往山上跑。他家的6000多块雨花石珍品，已经跟着他走遍了大江南北，还曾漂洋过海，到欧洲去展览。

　　珍品石往往是神奇品种，如雨花石《彩云追月》的藏家是南京六合区气象局退休工程师朱言荣，他藏的这块雨花石上的"月亮"，让人惊叹不已。

　　石上的彩云追月图，当一轮明月被天空中的彩云遮盖之后，将石头完全浸入水中，10天以后就能发现微妙的变化，20天后再观察，"月亮"被"彩云"遮盖的面积就更大了。再等上十来天，月亮部分就更小了，就像躲在了云彩后面一样。再过10天，"月亮"就完全被"彩云"遮盖住了。

　　如何才能拨开云彩见明月呢？只要将这枚雨花石从水中取出擦干，放上三天，月亮就显现出了当初模样。朱言荣说，这种神奇的现象也就在雨花石上才会出现，但这样的雨花石可谓凤毛麟角。

　　朱言荣收藏雨花石已经有30多年时间了，家里大大小小的雨花石已经有了上千块。

▲山泉清韵
雨花石　2.7厘米×1.9厘米×1.2厘米
南京金陵雨花石珍品博物馆藏

▲山雨欲来
雨花石　2.5厘米×2.8厘米×1.1厘米
南京金陵雨花石珍品博物馆藏

朱言荣以前经常看到关于雨花石收藏的报道，但收藏者一般都是南京市区的，很少讲到六合。六合可是雨花石的故乡，结果却是墙内开花墙外香。朱言荣本来是收藏其他藏品的，如邮票、扑克牌、徽章等，但他看到这一情况，要为家乡人争口气的朱言荣放弃了其他收藏，开始专攻雨花石。

六合雨花石资源丰富，当时县城内有大大小小100多个砂矿，要找雨花石非常方便。只要有空闲，朱言荣就蹬着自行车到砂矿去找雨花石，或者从小贩子手里收购。这些年来，朱言荣不仅把自己的业余时间都投了进去，自己的大部分收入也都"砸"了进去，每个月的收入除了交生活费，全花在雨花石上了。他追求的是珍品。

雨花石虽有千千万万，但真正能成为珍品者，却千不择一，因而雨花石爱好者不可滥收，也不可不察即弃，多多观察藏家之佳品，并从中领略其佳处，方能不滥不失。

如今，要觅得一枚珍品的雨花石，不是一件轻而易举的事。珍品和精品雨花石的石质不低于矿物晶体，色不逊于田黄鸡血，形不亚于太湖灵璧，纹不让于大理色彩，奇不次于钟乳风凌。而且，雨花石的图像和意境，更是其他姐妹石所望尘莫及。珍品雨花石的收藏投资潜力无限，仍有很大上升空间。

六、雨花石投资讲究技巧

与《港城之夜》一石二看。

根据近十年来雨花石的投资与集藏快速升温的现状分析，投资者选择那些珍品级和精品级雨花石作为投资对象，应该是一种较好的方式。

由于经济实力的不同，投资者依然需要在挑选中量力而行，但自身的修养同样重要，因为许多人由于理解上的偏差，往往会忽视石中耐人寻味的图案，也由此错失佳品的事情不胜枚举。

自然，挑选雨花石的标准还是应该以上面提到的"六美"为基础，尤其是形状、质地和图案出类拔萃的雨花石更是重点，其今后换手的成功率不仅非常高，而且升值空间也极大。倘投资者选择一些图案牵强附会的雨花石，尽管随着雨花石市场整体走热，同样能够出

▲柳岸花明
雨花石　2.7厘米×3.8厘米×1.3厘米
南京金陵雨花石珍品博物馆藏

▲田园风光
雨花石　5.2厘米×4.3厘米×1.6厘米
南京金陵雨花石珍品博物馆藏

▲港城之夜
雨花石　6.2厘米×6厘米×1.9厘米
南京金陵雨花石珍品博物馆藏

▲甲午风云
雨花石　6.2厘米×6厘米×1.9厘米
南京金陵雨花石珍品博物馆藏

现升值表现，但其换手率和升值幅度将明显逊色，这一点属于投资奇石范畴概念的通用形式，在以图案为主的雨花石中，就更加的紧要了。

事实上，大多数人与绝品雨花石无缘，这是由于经过几百上千年的采掘，好的储藏矿层基本被开发殆尽，而近30年来来挖掘雨花石矿藏的手段，几乎采用现代化的掏石为基础，个人根本没有能力加以开采，且挖掘出来的绝品石凤毛麟角，一些地方经年累月开采也遇不到如此珍贵的机会。

所以，投资者只能购买高价品种后，考虑今后雨花石的整体升值效应，而采取中长线的投资思维。不过投资这类价值已体现的精品石和佳品石，还是要以奇、巧、灵为标准。

目前不少投资者，常常在开采区大量购买雨花石，经过沙里淘金般的筛选，以获得有价值的雨花石，当然这种方式具有盲目性，不过一旦获得一块极品石，那前期投入也几乎实现了一石定乾坤的状态。

毕竟，在市场上购买雨花石，全部都是经过多次筛选后的普通品了，而且一些牵强附会的图案，其市场叫价并不低，但欣赏价值却不高。

普通投资者因条件限制，也只好去集藏市场购买，那么选择有潜力的品种，就是快速实现投资价值提升的捷径，也就是所谓的捡漏。不过，这种捡漏绝对需要丰富知识面和超乎想象的思维。

如一些粗看纹理表现平淡的雨花石，如果能够从不同的角度仔细揣摩，往往会发现让人惊讶的图案、文字或造型等，而这就体现了雨花石观赏价值的切入点，也是体现品级的重要渠道，因为通过呈像的感悟灵性，往往是使普通石飞跃为等级石的主要途径，而不同品级所反映的市场价格将处于几何级上升的状态。

当然前提条件是同等级的低档品与高档品价格差距不可过分悬殊，否则就出现花高价买低级品的情况，与投资的初始宗旨背道而驰。

七、选择潜力品种

收藏和投资雨花石，需根据其呈像分不同的等级，并按"六美"的标准程度厘定品级，通常可区分为绝品石、珍品石、精品石和佳品石等品级，它们所表现出来的观赏性和价值具有极大的

差别，尤其是绝品雨花石非常的稀少，在市场上可谓一石难求，价格十分的昂贵，个别绝品石的价格在上百万元。

对于投资者而言，如何在集藏市场上购买有潜力的品种，是快速实现投资价值的捷径。一些粗看纹理表现平淡的雨花石，如果能够从不同的角度仔细揣摩，往往会发现让人惊奇的图案、文字等，而这些就是体现雨花石观赏价值的切入点，也是体现品级的重要渠道。

因为通过画面激发灵感，往往是使普通石飞跃为等级石的主要途径，而不同的品级所反映的市场价格是以几何级上升的。至于质、形、色别具一格的雨花石，基本上在采掘中已被遴选出，在交易市场上的价格不会低，投资者只能考虑今后雨花石的整体升值效应，而采取中长线的投资思维。

雨花石是天然产物，世上没有两颗完全相同。据初步估计，目前在民间收藏的精品雨花石只有数千枚，极品雨花玛瑙石仅有数百枚而已，极品雨花石的价值之高可见一斑。目前总的趋势是收藏和投资精品雨花石的人数逐渐增多，其价位也在逐步走高。

▲湖畔老柳

雨花石　3.4厘米×2.2厘米×1.7厘米

南京金陵雨花石珍品博物馆藏

▲绝壁劲松度几秋
雨花石　3.4厘米×2.2厘米×1.7厘米
南京金陵雨花石珍品博物馆藏与《湖畔老柳》一石四看。

▲跳伞运动
雨花石　3.4厘米×2.2厘米×1.7厘米
南京金陵雨花石珍品博物馆藏与《湖畔老柳》一石四看。

　　投资这类价值已体现的精品石和佳品石，还是要以奇、巧、灵为标准，不应该为了追求价格便宜而购买同等级的低档品，毕竟低档品的市场拥有量较多，今后的升值空间相对而言要小，而多花些钱购买同等级的高档品，今后升值会有较大的保证。当然前提条件是同等级的低档品与高档品价格差距不可过分悬殊，否则就出现花高价买低级品的情况，与投资的初始宗旨背道而驰。

　　从近年来雨花石集藏不断升温的情况分析，购买一些珍品石和精品石作为投资不失为一种较好的方式，投资者可以根据自己的经济实力投入，但挑选的标准还是应该以"六美"为基础，尤其是形状、质地和图案出类拔萃的雨花石是重点，其今后换手的成功率较高。

　　如果选择价格低的普通石品为投资对象，虽然随着雨花石市场整体走热也会表现出升值，但换手的概率和升值幅度将逊于前者，这是雨花石收藏投资者要树立的概念。

　　从雨花石近10年的价格走势分析，上世纪90年代初精品石的价格仅在百元左右，而目前已升到千元之上，10年来的升值率在10倍左右。随着奇石投资为市场人士所重视，雨花石的价格上扬速度也必然加快，但与和田玉等比较起来，迄今尚未形成真正的热浪。

　　从这个角度去审视雨花石的后市发展，小巧玲珑而美不胜收的雨花石投资依然处于起步阶段，有兴趣的投资者仍可以考虑参与，雨花石投资中还能感悟到美的愉悦，欣赏大自然天工造物的艺术，在投资中升华情趣，这是其他投资品种所不可替代的。

八、收藏投资雨花石的要点

收藏投资雨花石要把握以下几点：

1.根据自己的审美眼光收藏

　　现代雨花石收藏家绝大多数都已受过高等教育，加上广阅博览社会万象，

▲银河相会
雨花石　3.4厘米×2.2厘米×1.7厘米
南京金陵雨花石珍品博物馆藏与《湖畔老柳》一石四看。

文化素质高，具有独特的审美观。

因此，他们在收藏挑选雨花石时，根据石质、色彩、品相和内容，加上自己的审美观，加以甄别，作出定夺。

根据自己的审美眼光收藏容易藏出特色，不流俗，不雷同，有个性的藏品才能为人所重视。

2.一见钟情宁可购错不可错过

对于新入门的雨花石收藏者，购买雨花石时，一定要仔细观察，看到喜欢的，要果断藏之，一眼看中的石头，宁可购错，不可错过。

3.紧紧盯住精品收藏

用于观赏的雨花石，宜大不宜小；用做摄影的雨花石，大小不论，只宜精。

精品雨花石取决于以下几个要点：

石头本身色、质、纹形皆佳；

主题突出，点题或命名恰如其分，并能引起大多数赏识者之共鸣，这块石头必定具有经久不衰的恒久生命力。

粗石易上照，细石宜观赏，粗细相结合的石头，最能体现粗犷和细腻。

收藏精品，作为收藏，品位不俗，作为投资，回报亦高。

4.专题收藏

收藏购买的雨花石多了，可以像集邮一样分门别类，形成专题和系列。如脸谱、生肖、花卉、日月、人物动物、风景、庙宇、亭塔等等，形成系列观赏，自有雅趣。

形成专题的藏品，其收藏价值会大大提升。

▲月上柳梢头
雨花石　3.2厘米×2.6厘米×1.7厘米
南京金陵雨花石珍品博物馆藏

▲在水一方
雨花石　3厘米×2.8厘米×1.2厘米
南京金陵雨花石珍品博物馆藏

第十三章

雨花石的保养技巧

雨花石虽然精美绝伦，质地坚硬，不易风化和氧化，但是对于一个长期埋藏于地下的物品突然重见天日，如果保养不好，灰尘杂质的入侵，还是会对雨花石造成永久的损害。

因此，为了保持雨花石的审美特征，不使其变质，采取适当的保管方法还是必要的。具体而言，雨花石的保管方法如下：

一、要防干防裂

雨花石在自然环境里保持一定的湿度，有些雨花石中含有水分子，长期处于干燥情况下，会失去游离水分子，表面就可能开裂，尤其是抛光石和蛋白石，干放时间长了，就会开裂。保管时，最好能保持相对湿度。

为了防干防裂，雨花石可浸于软水，但又不可久浸于软水，更不可浸于硬水，在北方展出须用煮沸后冷却之水。

认识到会引起雨花石几种变质、开裂、破损情况后，保管时有如下几种方法：

一是保持自然环境，盛放在有一定湿度的沙子里。这种方法比较麻烦，取放不方便。

二是置于塑料盒子或桶内，保持湿度，不易碰撞，取放方便。

三是少数精品，可放在锦盒内。

二、珍品珍藏

自有珍品，不必炫于人，以防言过其实。石不借人，人损我石，无石可赔。我不借石，我损人石，何以为补？

▲ 盛夏的果实
雨花石　3.7厘米×3厘米×1.8厘米　南京金陵雨花石珍品博物馆藏

但自有珍品，不可不示于人，正如一位藏家所言，三石友必有我师，一经点拨，也许又是一番境界。所以，石可出展，但结束时需核对验收，一一对照，防止不肖之徒，从中掉包。珍品若遭串换如同丢失。所以，呈现和展示时，要加倍小心。

三、握游有方

石可握游，游必有方，何时取出，何时归宁，需比财物更加仔细，方不致因疏忽而丢失。

石不可作玉一样的盘玩，它是案头清供，不是手中核桃。

石不可长离沙土和水，凡珍品宜于一两年内埋浸于含水之土中旬日，以养其脉。

四、要防酸防碱

雨花石的主要化学成分是二氧化硅，基本上属于中性，它在自然界所处的地质环境，也基本上属于中性。因此，保管环境也要保持中性。偏酸或偏碱都不可以保存，酸碱中的离子就会与雨花石中的色素离子发生化学反应，使雨花石变质，或腐蚀，或变色。

正常情况下的水是中性的，偏酸偏碱的水，对雨花石都有影响。展览时，最好使用蒸馏水，或烧开后的冷却水。如有可能，在用水前，可用pH试纸测试水的酸碱度，pH值大于7的偏碱，pH值小于7 的偏酸。偏碱的稍加些食用白醋；偏酸的稍加些食用碱，调至pH值等于7就可以了。

▲十三陵一景
雨花石　5厘米×4.1厘米×1.9厘米
南京金陵雨花石珍品博物馆藏

五、要防热防曝

加热或在强光下曝晒，随着温度的增高，也会改变色素离子的性质，使雨花石变质。保管时要离开热源，也要避免在阳光下曝晒。

六、分别保管

可将藏品按三等九级分类，分别保管。珍品与常品混存，相互碰损造成珍品微瑕，是终身难以弥补的损失。

七、防止碰撞

雨花石的保管还要防止机械性碰撞，在外力作用下会开裂破损，取放时要小心谨慎。

总之，保管和保养雨花石，要做到不琢不磨，保其元贞；不伤不损，保其坚朴；不击不碰，保其雅静；不干不湿，保其滋润。